Amy E. Gillingham, D.M.A.

# Cultivando Percepção

Amy E. Gillingham, D.M.A.

# Cultivando Percepção

## Construindo uma ponte entre padrões esquemáticos e público nos concertos para violoncelo de Franz Joseph Haydn

ScienciaScripts

**Imprint**
Any brand names and product names mentioned in this book are subject to trademark, brand or patent protection and are trademarks or registered trademarks of their respective holders. The use of brand names, product names, common names, trade names, product descriptions etc. even without a particular marking in this work is in no way to be construed to mean that such names may be regarded as unrestricted in respect of trademark and brand protection legislation and could thus be used by anyone.

Cover image: www.ingimage.com

This book is a translation from the original published under ISBN 978-3-8443-3400-5.

Publisher:
Sciencia Scripts
is a trademark of
Dodo Books Indian Ocean Ltd., member of the OmniScriptum S.R.L Publishing group
str. A.Russo 15, of. 61, Chisinau-2068, Republic of Moldova Europe
Printed at: see last page
**ISBN: 978-620-3-04837-7**

# Cultivando Percepção

<sup>1</sup> Rosamund Stone Zander e Benjamin Zander, *The Art of Possibility* (Nova Iorque: Penguin Books, 2002], 9.

# Tabela de Conteúdos

## Introdução

"Quando tentamos compreender Haydn da perspectiva do século XVIII... rapidamente percebemos que a música de Haydn transportava para os seus ouvintes e contemporâneos gravidade, profundidade filosófica, paixão e beleza complexa "[2]

-Leon Botstein

Talvez mais do que qualquer outro compositor, Franz Joseph Haydn possuía uma apurada capacidade de promenade complexidade por detrás de uma fachada de simplicidade. Pelo contrário, o compositor podia pegar num motivo simples e transformá-lo numa miríade de temas diferentes. Estas tendências duplas estão constantemente em fluxo nas obras de Haydn, e dependendo da lente analítica que se usa para ver a obra, o seu estilo inclina-se frequentemente para um lado do espectro simples versus complexo. Como há muitas posições analíticas a explorar na música de Haydn, uma característica composicional que parece complexa num sentido pode parecer simples num sentido diferente. Como um estudo de caso nesta dualidade, o Concerto em Dó Maior para Violoncelo e Orquestra, Hob.VIIb: 1 (ca. 1761-1765), que apresenta uma gama baixa e um uso conservador do virtuosismo para o solista, e o Concerto em D Maior para Violoncelo e Orquestra, Hob, aparentemente complexo.VIIb: 2 (1783), que apresenta um alcance superior juntamente com a exibição virtuosística de proezas técnicas na linha a solo, apresentam dois tratamentos diferentes do género que propõem ideias sobre a audição musical e como Haydn escreveu para o seu público.

O espectáculo musical envolve três partes: (1) compositor, (2) intérprete, e (3) público. No domínio do estudo musical, no entanto, a investigação e a bolsa de estudo normalmente envolvem apenas um destes aspectos de cada vez - a partitura escrita do compositor, a interpretação do intérprete, ou a recepção do crítico. A fusão destas partes fornece um impulso para revelar as fascinantes interligações envolvidas na performance de uma peça. A síntese deste material torna possível responder a perguntas sobre um compositor e um público: Se há mudanças distintas no estilo de um compositor e mudanças sociológicas no público, qual é a correlação entre o estilo de um compositor e o seu público? Derivar o significado de uma peça de música coloca um fardo considerável sobre a partitura impressa, que fornece a informação mais concreta e autêntica sobre uma obra. Os argumentos fundamentados na partitura têm geralmente o maior peso. Desta forma, quando o documento propõe hipóteses baseadas em conhecimentos históricos ou teoria psicológica, elas são reforçadas com excertos da partitura. Isto -

[2] Leon Botstein, "The Nineteenth-Century Reception of Joseph Haydn," in *Haydn Studies*, ed. Dean Sutcliffe (Cambridge: Cambridge University Press, 1998), 34.

A metodologia utiliza verificação concreta na partitura para evidenciar ligações menos tangíveis, e muitas vezes não reconhecidas, na música existente entre o compositor, intérprete e ouvinte.

A relação entre compositor e público, embora vaga e disjuntiva, existe como uma entidade fortemente tricotada durante certos períodos e/ou géneros de música. Embora o compositor crie música e o público a avalie, a relação parece carecer de um papel de conversação aberta entre os dois, especialmente nos séculos XX e XXI. Franz Joseph Haydn, contudo, procurou colmatar esta lacuna. Para Haydn, o compositor procura criar não só para seu próprio bem, mas também para o seu público, prestando particular atenção aos seus interesses e desejos. O público, por sua vez, esbate os limites do espectador típico e assume um papel primordial na actuação, participando na música como um ouvinte activo, e não passivo.

Haydn elicita a escuta dinâmica nos seus concertos de C-major e D-major violoncelo através da sua utilização de padrões esquemáticos que foram codificados nas práticas do seu tempo. Escrito na década de 1760, o C- grande concerto de Haydn demonstra um domínio sobre as forças dramáticas do idioma do concerto, bem como um domínio das possibilidades ilimitadas da forma de sonata. Escrito aproximadamente vinte anos depois, o D-grande concerto, embora magistral na sua memorabilidade e virtuosidade, é muito mais simples estilisticamente, contradizendo a complexidade crescente esperada no período tardio de um compositor e a complexidade superficial exibida na parte a solo. Haydn certamente não se mantém sozinho como compositor que mais tarde se voltou para um estilo mais simples, mas este estilo não é consistente entre todas as suas obras deste período. A inconsistência reina entre muitas das suas obras ca. 1780, a que o seu concerto D-major pertencia, e "talvez em nenhum outro período da sua maturidade haja tantas obras que pareçam carecer do selo distintivo da personalidade de Haydn"[3]. Esta inconsistência, em vez de apresentar uma anomalia no estilo, sugere uma força externa que levou Haydn a alterar os seus procedimentos de composição.

O estilo espirituoso de Haydn, juntamente com o seu tratamento liberal dos padrões convencionais, não compreende todos os aspectos da personalidade do compositor. Uma singularidade chave aparece na dicotomia entre estilos complexos e simples, e esta singularidade ganha exploração neste documento. Em vez de utilizar apenas uma comparação destes estilos, o discurso propõe a questão de "porquê? Porque é que o estilo desta peça é simples ou complexo? A resposta a esta pergunta deriva da relação de Haydn com o seu público e do seu conhecimento preciso dos seus gostos musicais e capacidades de discernimento. A discussão seguinte questiona a noção de que a percepção musical reside unicamente no ouvinte e propõe a crença de que o compositor desempenha um papel crucial na forma como deseja que a música seja reconhecida e compreendida. Este livro defende que Haydn's -

[3] Jens Peter Larsen, *The New Grove Haydn*, work-list Georg Feder, First American Edition (Nova Iorque: W.W. Norton & Company, 1983), 101.

O uso inovador, a adesão e a repetição de padrões esquemáticos mostram os dois concertos de violoncelo como produtos complementares da criatividade formal, alinhados com a estética do século XVIII e destinados às capacidades perceptivas únicas de dois tipos de público diferentes.

## PARTE I: Franz Joseph Haydn e o seu público

## Capítulo 1

### Dicotomia de Estilo de Haydn

A síntese de Haydn de diferentes misturas de traços estilísticos simples e complexos mostra dedicação ao seu público. Embora mais conhecido pelas suas sinfonias e quartetos de cordas, a estética do compositor em relação à percepção do ouvinte considera o reconhecimento. O ouvinte tornou-se ainda mais importante para Haydn quando a sua música se tornou pública e amplamente divulgada. À medida que o público aumentava e se alargava, a base de ouvintes de Haydn mudou de conhecedor experiente para amador inexperiente, e isso exigiu uma alteração do estilo composicional.

A maioria dos compositores não permanecem estagnados no estilo composicional, e a maioria dos compositores não escreve toda a sua música para um público. Embora o público tenha mudado ao longo do tempo, o público também mudou de acordo com o local do espectáculo. A natureza da música de câmara colocou o local de actuação em casa ou noutro espaço íntimo. Os géneros sinfónicos, contudo, exigiam um espaço muito maior para apoiar o maior número de intérpretes. Este espaço maior proporcionava uma maior quantidade de espaço para albergar uma audiência, em contraste com o espaço mais restrito do ambiente da música de câmara. Quanto mais pessoas, maior a possibilidade de diversidade, dando às representações de obras sinfónicas um público visivelmente diferente do das obras de câmara.

Haydn sabia que vários tipos de público se aglomeravam em direcção a diferentes géneros de música. Um contemporâneo de Haydn, Johann Georg Sulzer afirmou que "porque a música de câmara é para conhecedores e amadores, uma peça pode ser mais aprendida e mais artisticamente composta do que se fosse destinada ao público, onde tudo deve ser mais simples e mais cantabile para que todos a possam apreender".[4] Com música de câmara destinada ao público mais pequeno e conhecedor, os géneros sinfónicos eram altamente adequados para o domínio público, e a dualidade estilística de Haydn reflecte isto. A sinfonia é responsável por um desses géneros sinfónicos; o concerto foi também perfeitamente adaptado para apresentação ao público. Muitas vezes ofuscados pelos seus quartetos de cordas e sinfonias, os concertos de Haydn continuam a ser subestimados. [5]O concerto, em contraste com outros géneros, é talvez o mais

---

[4] Johann Georg Sulzer, *Allgemeine Theorie der schonen Kunste* (Leipzig, 1771-1774), citado em Elaine Sisman, "Haydn's Career and the Idea of the Multiple Audience," in *The Cambridge Companion to* Haydn, ed. Caryl Clark (Cambridge: Cambridge University Press, 2005), 5.

[5] David Schroeder, "Música Orquestral": Symphonies and Concertos", em *The Cambridge Companion to Haydn*, ed. Caryl Clark (Cambridge: Cambridge University Press, 2005), 95.

apropriado para um público expansivo e variado. Com o espectáculo virtuosístico de um solista vibrante contra o pano de fundo do diálogo orquestral dramático, o concerto pode gerar excitação auditiva e visual mesmo por parte do ouvinte mais novato. O estímulo de florescentes passagens a solo, aliado a uma estrutura inclinada a padrões de repetição (porque o solista e a orquestra devem ter voltas cada um com o mesmo material temático), cria uma impressão memorável no ouvinte.

Muitos dos concertos de Haydn deixaram certamente um impacto no público, uma vez que bastantes permanecem no repertório moderno. Entre os maiores destes concertos, os dois para violoncelo exibem a infame dicotomia no estilo do compositor. Contrariamente às expectativas, o segundo concerto de Haydn, Concerto em D Maior para Violoncelo e Orquestra, Hob.VIIb: 2 (1783), emprega um estilo mais conservador do que o seu primeiro, o Concerto em D Maior para Violoncelo e Orquestra, Hob.VIIb: 1 (ca. 1761-1765).[6] O concerto posterior menos aventureiro reflecte não simplesmente uma regressão no engenho, mas sim um compositor com uma consciência aguda do seu público. A utilização intencional de padrões musicais específicos por Haydn revela informações distintas sobre o seu público e a importância da sua relação com eles. Ao chamar a atenção para modelos formais clássicos e galantes, tanto a grande como a pequena escala, revela tratamentos variados de padrões de fórmulas. A combinação destes padrões com a evolução do público e a estética auditiva do século XVIII proporciona uma nova perspectiva e base por detrás dos procedimentos construtivos de Haydn.

## Capítulo 2

### Estética e Sabor do Século das Luzes

As visões estéticas de Haydn são estreitamente paralelas às do Iluminismo do século XVIII nos campos literário e filosófico. Embora Haydn tenha demonstrado interesse, possuía obras literárias chave e foi exposto ao pensamento iluminista, provando que tais coisas influenciaram Haydn continua a ser difícil. Contudo, as filosofias do Iluminismo expressaram importância no papel do público e parece provável que Haydn também o tenha feito. Embora os meandros destas relações não possam ir muito além da especulação, existem sem dúvida correlações - quer coincidentes quer intencionais - entre Haydn e o pensamento que o rodeia. Especialmente no final dos anos 1770 até meados dos anos 1880, é problemático ver o envolvimento crescente de Haydn no Iluminismo e a mudança de estilo musical como acidentais. [7]

Argumivelmente o escritor alemão mais popular do século XVIII, e a quem Haydn se referiu como o seu herói, Christian Furchtegott Gellert acreditava no princípio de escrever para um público específico numa língua que lhes era natural. [8] Para o público de Haydn, o género de canção - uma vez que continha

---

[6] Ibid., 101.

texto - era o mais familiar e fácil de compreender. Johann Mattheson, um autor cujas obras Haydn leu, descreveu a música instrumental como "mero ruído" e "lixo inútil"[9.] Embora Haydn não se devesse ter preocupado demasiado com esta visão, uma vez que uma esmagadora maioria da sua produção consistia em obras instrumentais, ele considerava a sua música vocal como sendo as suas melhores composições. Georg August Griesinger relatou: "Haydn disse por vezes que em vez dos muitos quartetos, sonatas e sinfonias, deveria ter escrito mais música vocal"[10.]

Incorporando nuances sonoras, associações textuais, e citações musicais na sua música instrumental, Haydn resolveu o seu dilema vocal/instrumental e tornou as suas obras sem texto mais acessíveis para o seu público.[7] Isto satisfez o anseio de Haydn pela composição vocal, dando simultaneamente acesso a um público cada vez maior. Especialmente ao incorporar obras pré-existentes -

[7] David P. Schroeder, *Haydn e o Iluminismo: The Later Symphonies and their Audience* (Oxford: Clarendon Press, 1990), 10.

[8]     Ibid., 11, 22, 25.

[9]     Ibid., 64.

[10] Vernon Gotwals, trans., intro., e notas, *Haydn: Two Contemporary Portraits* (Madison: The University of Wisconsin Press, 1968), 63.

e canções familiares nas suas obras instrumentais, podia imediatamente despertar o reconhecimento e o prazer dos seus ouvintes porque lhes dava um elemento de familiaridade. Para além da sua técnica de citação, a incorporação de temas recentemente compostos que soavam como outras canções familiares - canções de sons, em particular - poderia desencadear uma recordação do ouvinte. Até mesmo o fraseado ou padrões rítmicos poderiam desenhar associações textuais. [12] Estas técnicas aumentaram as hipóteses de inteligibilidade, um ideal iluminista que Haydn abraçou. [13]

Não exclusivo da estética do Iluminismo alemão, o significado do ouvinte activo apareceu também no pensamento grego. Dado o estilo internacional de Haydn, uma abordagem global aos pontos de vista estéticos parece relevante. Um tratado de 1810, *Grand Treatise of Music* de Chrysanthos of Madhytos, pinta um retrato contemporâneo intrigante do ouvinte do Iluminismo. Um capítulo da obra intitulado "Comportamento dos Ouvintes de Música", retrata o papel empenhado e activo do ouvinte de música. O tratado visava instruir o compositor sobre como envolver o ouvinte, e embora esta obra pós-data muitas das composições de Haydn, descreve características em linha com a dualidade de técnicas estilísticas encontradas nas obras do compositor.

John. A tradução de G. Plemmenos de Chrysanthos do tratado de Madhytos fornece observações-chave sobre dois grupos distintos de ouvintes: o conhecedor avançado e o ouvinte inexperiente. Para o

[7] Schroeder, *Haydn and the Enlightenment*, 68.

ouvinte amador, Chrysanthos fornece os seguintes conselhos,

> Ao primeiro tipo comportamental pertencem aqueles que, por natureza ou por deficiente prática e conhecimento da música, longe de estarem no mesmo estado com a sua insensibilidade musical, mal são movidos por melodias complexas; em vez disso, estão contentes com ritmos simples e sílabas de metros, e com sons bem discerníveis Para tais ouvintes, o compositor deve evitar longos padrões rítmicos.
> . . mas deve empregar padrões rítmicos curtos, barras de duas, três ou quatro batidas, e melodias vivas, agradáveis e animadas, de modo a mover os seres humanos que não são refinados pela natureza ou instrução; as notas devem ser da gama alta e não da gama baixa. É também aconselhável que o músico anuncie o modo e o ritmo de uma determinada melodia antes de cantar, de modo a permitir que os ouvintes, tendo-os trabalhado, os reconheçam (*sic*) mais facilmente. [14]

Para a elite musical, no entanto, este conselho alternativo é oferecido,

> Para este tipo de ouvinte, o músico deve oferecer composições longas e sofisticadas, utilizando principalmente o género cromático, embora com modulações aos géneros Diatónico e Enharmonic;

---

[12] Ibid.

[13] Ibid., 74.

[14] John G. Plemmenos, "O Ouvinte Activo": Greek Attitudes towards Music Listening in the Age of the Enlightenment", *British Journal of Ethnomusicology* 6 (1997): 53.

> das notas, as de gama baixa e não alta; e dos modos, as que o significado das palavras exige e a ocasião dita; das unidades rítmicas muito longas e complicadas; e dos instrumentos, desde os que podem mudar de tom para tom suavemente e suavemente, sem perturbar o ouvido. [8]

Na secção analítica deste documento, as características de conhecedor e ouvinte inexperiente descritas nas citações anteriores aparecem nos concertos C-major e D-major de Haydn, respectivamente.

## Capítulo 3

### A Sensibilização de Haydn para o seu Público

Ao caracterizar o estilo musical de Haydn, certas palavras descritivas parecem reaparecer em toda a literatura: espirituosas, humorísticas, brincalhonas, jocosas, como poucas possibilidades. Embora os seus estratagemas possam ter servido de entretenimento para si próprio, o uso de uma piada ou truque requer apontar para outra festa. No caso de Haydn, a festa é o público. Para que uma piada seja engraçada, a pessoa que a ouve deve compreender a piada para que seja um sucesso. Esta interacção exige uma audiência activa,

---

[8] Ibid.,54.

uma vez que a música de Haydn depende das reacções dos que a ouvem. [9]

Haydn admite a sua sensibilidade para com o seu público afirmando, "Isto foi para os ouvidos demasiado instruídos" sobre várias medidas na sua Sinfonia No. 42.[10] Embora várias coisas influenciassem o seu estilo composicional, o emprego de Haydn ditou que ele agradasse a um público específico. Ele trabalhou sob o Príncipe Esterhazy durante vários anos, com um contrato especialmente rígido durante os seus primeiros anos de serviço. Poder-se-ia supor que um compositor da corte escreveria música para o entretenimento dos seus benfeitores, mas a classe aristocrática era muito conhecedora de música, e não simplesmente ouvintes passivos.[11] Com uma inclinação para o teatro, o Príncipe Esterhazy tinha um grande interesse em todas as coisas dramáticas.[12] As reviravoltas inesperadas cultivam o drama, e este traço particular aparece em grande parte da música de Haydn deste período. O primeiro contrato de Haydn em Esterhaza deu-lhe a oportunidade de explorar opções criativas e dramáticas na sua música. O próprio Haydn declarou: "Eu podia, como chefe de orquestra, fazer experiências, observar o que criava uma impressão, e o que a enfraquecia, melhorando assim, acrescentando, cortando, e correndo riscos. Fui posto à parte do mundo... e por isso tive de me tornar original". Ao dizer, "observar o que criou uma impressão", Haydn menciona o ouvinte, uma vez que esta pessoa seria o objecto da sua observação. Isto mostra que Haydn, de facto, tinha um grande interesse na reacção do público. [13][14]

Embora Haydn tenha procurado originalidade e reacção dramática para o seu público inicial de Esterhaza, o seu estilo composicional exigiu modificações à medida que o seu público mudava. Quando a sua base de público se alargou, a quantidade de conhecedores musicais dentro do público que o escutava diminuiu. Haydn compôs agora música para os ouvidos destreinados. De acordo com os ideais do século XVIII, a música só podia alcançar um sentido de beleza através de ouvidos treinados.[15]Robin Stowell observou que "a música do século XVIII esforçava-se por 'mover' os seus ouvintes", [16]mas os novos ouvintes de Haydn possuíam um conhecimento limitado dos padrões musicais. Haydn não tinha controlo sobre a formação do seu público, mas tinha controlo sobre a sua música. Para satisfazer os ideais estabelecidos de beleza musical, Haydn implementou técnicas composicionais que tornavam a sua música discernível para o

<hr>

[9] Gretchen A. Wheelock, *Haydn 's Ingenious Jesting with Art: Contexts of Musical Wit and Humor* (Nova Iorque: Schirmer Books, 1992), 205.

[10] Elaine Sisman, "Haydn, Shakespeare, and the Rules of Originality," em *Haydn and His World*, ed. Elaine Sisman (Princeton, NJ: Princeton University Press, 1997), 3.

[11] Botstein, "O desaparecimento da escuta filosófica", 278.

[12] Sisman, "Haydn Shakespeare e as Regras da Originalidade", 26.

[13] Joseph Haydn, citado em Jens Peter Larsen, *The New Grove Haydn*, work-list George Feder, First American Edition (Nova Iorque: W.W. Norton & Company, 1983), 28.

[14] Sisman, "Haydn, Shakespeare, and the Rules of Originality," 3.

[15] Botstein, "O desaparecimento da escuta filosófica", 273.

[16] Robin Stowell, " Performance Practice in the Eighteenth-Century Concerto," in *The Cambridge Companion to the Concerto*, ed. Simon P Keefe (Cambridge: Cambridge University Press, 2005), 203.

leigo.

A mudança de público de Haydn ocorreu no âmbito do seu segundo contrato em Esterhaza. Muitas estipulações entre o seu primeiro e segundo contratos permaneceram as mesmas, mas uma importante cláusula adicional no segundo contrato permitiu-lhe maior liberdade em relação a quem poderia compor e em que medida essas obras poderiam ser vendidas. O primeiro contrato proibia a venda e publicação das suas obras - ele só podia compor para o tribunal. O segundo contrato de Haydn de 1779, contudo, permitiu-lhe escrever música para os ouvintes fora do tribunal e permitiu a sua publicação. O seu novo contrato foi lido,

> Sempre que Sua Alteza Princesa ordena [Auf allmaligen befehl], o Vice-Capel-Meister é obrigado a compor as peças musicais que Sua Alteza possa exigir; além disso, não comunicar [tais] novas composições a ninguém, muito menos [viel weniger] permitir que sejam copiadas, mas reservá-las total e exclusivamente para Sua Alteza; e especialmente [vorzigglich] não compor nada para qualquer outra pessoa sem conhecimento prévio e consentimento gracioso .....................................[17]

Este contrato surgiu um ano após a formação da famosa editora de música Artaria, que deu a Haydn oportunidades lucrativas para a circulação da sua música. Como houve "mudanças nos padrões de difusão e consumo de música nos anos 1780", a música de Haydn mostrou uma mudança marcante e activou uma "nova forma 'pública' na sua música instrumental desses mesmos anos". [18]Com a sua música amplamente dispersa, Haydn tornou-se tão popular que teve uma dificuldade em acompanhar a procura das suas obras. [19]

Como Haydn encontrou trabalho rentável na composição de música para este novo mercado, precisava de lidar com um público que albergava gostos e capacidades musicais diferentes, em comparação com os da corte de Esterhaza. Haydn viu-se a satisfazer o consumidor, e "quem quer que pudesse comprar um bilhete de concerto ou comprar uma obra publicada estava em posição de exercer o seu privilégio de gosto".[20] Em muitos aspectos, abandonou o seu estilo anterior em favor de um que fosse mais "formalmente claro, musicalmente fresco, e sem complicações". [21][22] O género concerto levou particularmente bem a esta mudança de estilo.

---

[17] Citado em James Webster, "Prospects for Haydn Biography after Landon", *Musical Quarterly* 68 (1982): 487.

[18] Webster, "Perspectivas da Biografia de Haydn depois de Landon," 490.

[19] Ibid. e Georg Feder, *The New Grove Haydn* (Nova Iorque: Palgrave, 2002), 24.

[20] Wheelock, *Haydn's Ingenious Jesting with Art*, 37.

[21] H. C. Robbins Landon, *Haydn: Chronicle and Works II: Haydn at Esterhaza, 1766-1790* (Londres: Thames e Hudson, 1978), 341.

## Capítulo 4

### O público de Haydn e o género Concerto

O género concerto, talvez mais do que outros, invoca com entusiasmo a excitação de uma colecção diversificada de ouvintes. Com o solista na vanguarda, o concerto tornou-se "a montra central dos seus talentos"[29.] Este género "é uma das formas mais fáceis e atractivas para o ouvinte ... [e] toda a parafernália de apresentação do concerto (incluindo a publicidade, e as mais pouco ortodoxas, submusicais mas reconhecidamente espectaculares 'atracções adicionais' fornecidas por certos solistas)" cria uma forma musical popular. [30] O público vem não só para ouvir a música do concerto, mas também para experimentar o virtuosismo do solista. Devido a esta distracção, o público ouve muito bem a música menos activamente do que, por exemplo, como numa sinfonia. O concerto é um género particularmente adequado para o ouvinte, e ao considerar o papel do ouvinte, deve-se compreender exactamente o que esta pessoa traz à equação, pois cada ouvinte é acompanhado de "suposições pessoais, normas de acção apropriada e correcta, e competências"[31.]

A dicotomia entre virtuosidade solística e substância musical é amplamente experimentada através de uma série de concertos, muitos dos quais inclinam a escala de uma forma ou de outra. O ouvinte conhecedor notará mais complexidades na própria música do que o ouvinte médio, mas é fácil tanto para o ouvido treinado como para o não treinado captar a exibição virtuosística. Os ouvintes apreciam o que é compreensível, mas sentem-se alienados ou desconfortáveis quando algo está para além do seu alcance. Ao mesmo ritmo, quando algo parece demasiado banal, desenvolve-se um sentimento de aborrecimento ou de aversão. Como Simon Keefe salientou, mais do que qualquer outro género, o concerto tem causado uma grande divisão entre os ouvintes. "Nada é mais susceptível de encher um local de actuação repleto de emoção do que um concerto com um dos concertos 'cavalo de guerra' do século XIX interpretado por um solista de renome mundial, por exemplo, e nada mais susceptível de induzir uma resignação cansativa entre os 'altos-falantes' musicais".[23]A ideia de ouvir um virtuoso musical pode interessar a -

[29] Mary Sue Morrow, *Concerto Life in Haydn's Vienna: Aspects of a Developing Musical and Social Institution* (Stuyvesant, NY: Pendragon Press, 1989), 158.

[30]     John Culshaw, *The Concerto*, reimpressão de 1949 ed. (Westport, CT: Greenwood Press, 1979), 10.

[31] Karol Berger, "Rumo a uma História de Audição": The Classic Concerto, A Sample Case," in *Convention in Eighteenth- and Nteenth-Century Music: Essays in Honor of Leonard Ratner*, ed. Wye J. Allanbrook, Janet M. Levy, e William

[23] Simon P. Keefe, "Introduction," in *The Cambridge Companion to the Concerto,* ed. Simon P. Keefe (Cambridge: Cambridge University Press, 2005), 2.

P. Mahrt (Stuyvesant, NY: Pendragon Press, 1992), 405.

massas, mas vem com um certo estigma e implica "flash sobre a substância".[24] Como anteriormente abordado, o reconhecimento de "substância" pode ser limitado a um público treinado, mas o "flash" é discernível por muitos, tornando o género concerto perfeitamente adequado para audiências de grandes divisões de aptidão.

O género concerto, bem como o género sinfonia, foi dirigido a um público mais vasto. Em contraste com o público cortês, a expansão dos ouvintes veio com novas e distintas variedades de gostos musicais. Para além de apreciarem as demonstrações de virtuosismo do solista, os mecenas da classe média também apreciaram a infiltração das melodias populares na música de concerto e tiveram prazer em ouvir canções do tipo mais sentimental.[25] Devido à popularidade crescente, a procura de música - música nova, em particular - foi grande.[26] Um contemporâneo de Haydn, o escritor Richard Eastcott, comentou sobre a situação difícil da música dizendo: "Devido ao apetite insaciável da multidão, os compositores das primeiras capacidades são frequentemente obrigados a chover torrentes de composições indigestas, que nada mais têm senão novidade para as recomendar".[27] De todos os compositores deste período, Haydn teria certamente caído na categoria de "compositores das primeiras capacidades", mas a sua vontade, ou falta de vontade, de incorporar novidades musicais é uma questão que precisa de ser explorada. A utilização de tais técnicas não era nova, uma vez que compositores anteriores a ele, como J.C. Bach, tinham incorporado propositadamente certas linguagens musicais indígenas ao seu público. "J. C. Bach adequava os diferentes movimentos de uma sinfonia a vários segmentos do público, dirigindo os finais para os de gosto menos refinado". Talvez a incorporação de traços estilísticos para as massas não implique uma categoria menor de composição, mas antes mostra uma sensibilidade acrescida na habilidade composicional.[28]

**PARTE II: Análise**

**Capítulo 5**

**Expectativa e Repetição no Concerto do Período Clássico**

A análise seguinte fornece uma visão geral dos diversos tratamentos de padrões e repetição de

[24] Cliff Eisen, "The Rise (and Fall) of the Concerto Virtuoso in the Late Eighteenth and Nteenth Centuries", em *The Cambridge Companion to the Concerto*, ed. Simon P. Keefe (Cambridge: Cambridge University Press, 2005), 177.

[25] Simon McVeigh, *Concert Life in London from Mozart to Haydn* (Cambridge: Cambridge University Press, 1993), 224-25.

[26] Ibid., 225.

[27] Richard Eastcott, *Sketches of the Origin, Process and Effects of Music* (Bath, 1793), 161.

[28] McVeigh, *Concert Life in London from Mozart to Haydn*, 225.

padrões nos concertos D-major e C-major violoncelo de Haydn. Ver os concertos através do espelho dos padrões cria interpretações que podem contradizer outros modos de análise. Por exemplo, temas motivados podem mostrar um modo complexo de engenhosidade composicional, mas de uma perspectiva baseada em padrões, todos estes temas múltiplos se reduzem a um protótipo musical simplista. Assim, algo que parece complexo numa esfera, parece simples noutra. Este tipo de interpretação procura não subverter as teorias alternativas, mas sim fornecer um outro lado da mesma história. Quando a música apela às expectativas genéricas do período de tempo, e quando um método de repetição flui ao longo de uma obra, o compositor cultiva uma experiência que permite uma dada percepção por parte do público que a escuta.

Os exemplos apresentados nesta análise inserem-se todos na categoria geral dos esquemas musicais. Uma definição mais abrangente e estudo do termo "esquema" aparece na terceira secção deste documento, mas pelo tempo, o termo pode ser definido como um "pacote de conhecimento"[38] Estes "pacotes" apresentam-se em numerosos meios, mas este estudo centra-se naqueles relacionados com o crescimento motivado, esquemas galantes, ciclismo, estrutura de frases, e desenhos de sonata/concerto de repetição. Uma ampla amostragem destes traços entre os dois concertos de violoncelo revela tratamentos diferentes que apelariam às percepções de diferentes ouvintes.

Particularmente adequado para o estudo baseado em padrões, o meio de concerto oferece uma grande variedade de opções formais e de interacção. Como forma barroca, o concerto apresentava um padrão alternado entre orquestra e solista, referido como forma de ritornello. No período Clássico, este padrão alternado fundiu-se com a popular forma sonata-allegro - uma forma em que o material temático gira ao longo das diferentes secções (exposição, desenvolvimento, recapitulação) do movimento.[29] Assim, o Concerto Clássico contém duas forças dramáticas: a alternância entre solista e orquestra, e a rotação do material temático ao longo da forma. —

[38] Robert O. Gjerdingen, *Music in the Galant Style* (Oxford: Oxford University Press, 2007), 11.

Os aspectos de diálogo alternado do concerto, juntamente com os aspectos rotativos da forma de sonata, criam ambos o seu próprio conjunto de padrões antecipados com base nas expectativas genéricas de audição do período. Para o aspecto da sonata, as ideias musicais apresentadas na exposição, que consiste na primeira audição dos temas do movimento, têm possibilidades de serem novamente ouvidas numa secção de desenvolvimento e recapitulação. O desenvolvimento e a recapitulação podem proporcionar mais duas rotações do material. Assim, a exposição, desenvolvimento, e recapitulação de uma obra em forma de sonata pode proporcionar três oportunidades para "dar à luz" ideias musicais, temas, e ordenações harmónicas.

[29] O termo "rotação" é extraído de James Hepokoski e Warren Darcy's *Elements of Sonata Theory: Norms, Types, Deformations in the Late-Eighteenth-Century Sonata* (Oxford: Oxford University Press, 2006). Ver Apêndice 2 nas páginas 611-21 deste livro para mais informações sobre o termo.

Tal como se espera que o material ouvido numa exposição seja novamente ouvido na recapitulação, também se espera que o material apresentado no ritornello de abertura de um concerto (secção *tutti*) seja novamente apresentado de forma mais elaborada assim que o solista entre. Este ritornello fornece uma disposição referencial de temas, mas falta o movimento tonal exigido de uma exposição em forma de sonata.[30] A entrada do solista marca o início da verdadeira exposição, uma vez que contém as características tonais necessárias que caracterizam um papel expositivo. Embora sem o estatuto de exposição, o ritornello de abertura tem uma função importante porque fornece padrões temáticos, bem como padrões de ordenação que criam expectativas no padrão rotativo da forma de sonata, bem como o padrão de alternância com a próxima entrada do solista. [41 Tal] como se espera ocorrências de música correspondente entre exposição e recapitulação, também se espera correspondência musical entre alternância orquestral e solo.

A forma única do concerto dá ao compositor um vasto espectro de opções para o tratamento temático. Embora ocorram numerosas variantes, o tratamento pode ser resumido em três categorias gerais. Primeiro, o compositor pode rodar o material de uma forma imutável. Nesta opção, emerge um padrão de repetição. Como segunda opção, o compositor pode optar por deixar de fora o material. Esta decisão perde a oportunidade de repetir um determinado tema, o que limita potencialmente a memorabilidade do material. Em terceiro lugar, material novo ou material significativamente alterado substitui uma repetição do material. Em contraste com a segunda opção, o material original não só está em falta como também é substituído por algo novo.

Elementos de correspondência - ou repetições de padrões - desempenham um papel de atracção na percepção e inteligibilidade de um público. Como a forma de concerto oferece oportunidades de repetição de padrões, é digno de nota examinar passagens de divergência e as suas implicações para o ouvinte activo. A repetição de padrões (ou falta de repetição), tal como vista através de avaliações da correspondência musical, tem a capacidade de estimular a recordação no ouvinte, e este grau de estímulo irá afectar directamente a percepção, inteligibilidade e, em última análise, a memorabilidade do trabalho em questão.

---

[30] Hepokoski e Darcy, *Elementos da Teoria da Sonata,* 450-51.

## Capítulo 6

### Explicação da Terminologia Analítica

As interpretações analíticas nesta análise utilizam vários termos e abreviaturas que requerem explicação. Para distinguir os elementos rotativos de orquestra e solista no concerto, será utilizada a terminologia de rotação do ritornello e rotação a solo. O Ritornello 1 (abreviado como R1) indica o primeiro *tutti* orquestral. O termo Solo 1 (abreviado como S1) indica a primeira rotação de material com o solista. Distinguir uma rotação como "Solo" não implica que o solista esteja a tocar sozinho, mas sim que o solista esteja presente na rotação actual, mesmo que haja uma participação plena da orquestra.

Como as questões de correspondência podem tornar-se bastante complexas nos esquemas de concerto, e porque a estrutura do concerto é uma forma híbrida, é importante distinguir os temas de uma forma mais específica do que é frequentemente exigido apenas na forma de sonata. As tabelas 1 e 2, localizadas no final deste capítulo, fornecem uma diferenciação de temas nas exposições de primeiro movimento dos dois concertos de violoncelo de Haydn. A coluna da esquerda fornece a área temática em termos de terminologia em forma de sonata, mas a rotulagem de cada incipito temático temático tem uma designação mais específica-R1:\P, por exemplo. Este tipo de designação provém da *Teoria dos Elementos de Sonata de* Hepokoski e Darcy, e não só mostra a área temática ("P" para tema primário, "S" para tema secundário, etc.), mas também onde o tema *tem origem.*[42] A orquestra e o solista podem nem sempre apresentar o mesmo material temático, pois poderia haver dois temas secundários separados - um de R1 e um de S1 em contraste. Um exemplo deste caso pode ser visto no Quadro 1. Note-se que R1 (o primeiro ritornello orquestral) apresenta um tema secundário rotulado como R1:\S, mas note-se também que à direita imediata no quadro está o tema secundário que é apresentado em S1 (a primeira alternância a solo), que é um tema novo e diferente. Uma vez que este tema é novo e tem origem em S1, em vez de R1, recebe a designação S1:\S. Esta notação identifica o ponto de origem do tema (R1, S1, etc.) e a sua forma de sonata identificadora (P, S, etc.), separada por um cólon e uma barra invertida (:\). Assim, uma etiqueta de S1:\S indica um tema S que foi ouvido pela primeira vez na rotação S1. Em muitos casos, a maioria dos temas terá uma designação que começa com R1; isto porque a maioria dos temas tem origem no ritornello de abertura (R1). Note-se, por exemplo, no quadro 2, que as colunas R1 e S1 contêm ambas temas primários designados como R1:\P. Embora este tema seja ouvido na rotação S1, o tema teve origem (ou foi ouvido pela primeira vez) no ritornello de abertura, por isso tem a mesma etiqueta que o tema correspondente do ritornello

---

[42] Ibid., 451-53.

anterior.

No estudo e comparação de gestos melódicos, este documento implementa a notação de Robert O. Gjerdingen, utilizando símbolos de graus escalonados tanto em exemplos analíticos como em discussão. Em vez do tradicional número árabe com o carpete no topo (isto é, 1) para indicar graus de escala, esta análise utiliza em vez disso o seguinte símbolo O. Quando se refere especificamente a um padrão melódico numa linha de baixo, é utilizado o seguinte símbolo: ®. 43 [43]

---

[43] Esta notação é utilizada em toda a *música* de Robert O. Gerjerdingen *no estilo Galant.*

**Quadro 1.** Layout Temático de R1 e S1 no Concerto de Haydn em C

<table>
<tr><td colspan="3">EXPOSITION</td></tr>
<tr><td></td><td><u>R1</u></td><td><u>S1</u></td></tr>
<tr>
<td>Primary Theme Area (P)</td>
<td>R1:\P 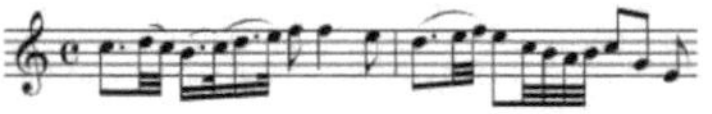<br>• mm. 1–5</td>
<td>R1:\P<br>• Same as Ritornello 1<br>• mm. 21–26</td>
</tr>
<tr>
<td>Transition Theme Area (TR)</td>
<td>R1:\TR <br>• mm. 6–11</td>
<td>None! (a rare occurrence)<br>• The PAC that ends R1:/P serves as a rhetorical medial caesura due to the ellipsis of the TR- zone[44]</td>
</tr>
<tr>
<td rowspan="2">Secondary Theme Area (S)</td>
<td>R1:\S1.1 <br>• mm. 15–19</td>
<td>S1:\S<br>• A new theme<br>• Begins in the tonic key but quickly moves to the appropriate key of the dominant[45] <br>• mm. 27–36</td>
</tr>
<tr>
<td>R1:\S1.2 <br>• mm. 15–19</td>
<td>R1:\S1.2<br>• Same as Ritornello 1<br>• mm. 36–40</td>
</tr>
<tr>
<td rowspan="2">Closing Area (C)</td>
<td rowspan="2">R1:\C1 <br>• mm. 19–21</td>
<td>R1:\C<br>• Same as Ritornello 1<br>• mm. 40–42</td>
</tr>
<tr>
<td>S1:\C<br>• A new theme <br>• mm. 42–47</td>
</tr>
</table>

[1] Uma explicação deste "quarto nível de incumprimento" encontra-se em Hepokoski e Darcy, *Elementos da Teoria da Sonata*, 29.

[1] Um tema em S que começa no tónico mas se funde na chave correcta é também delineado em Hepokoski e Darcy, *Elementos da Teoria da Sonata,* 29.

**Table 2.** Thematic Layout of R1 and S1 of Haydn's Concerto in D

# EXPOSITION

## <u>R1</u>

## <u>S1</u>

| | R1 | S1 |
|---|---|---|
| **Primary Theme Area (P)** | **R1:\P** <br>• mm. 1–6 | **R1:\P**<br>• Same as Ritornello 1<br>• mm. 29–34 |
| **Transition Theme Area (TR)** | **R1:\TR**<br>• Begins like R1:\P but then merges into transitional material <br>• mm. 7–12 | **R1:\TR**<br>• Same as Ritornello 1 but with extension featuring virtuosic display:<br>**S1:\TR Ext.**  |
| **Secondary Theme Area (S)** | **R1:\S** <br>• mm. 13–16 | **R1:\S**<br>• Same as Ritornello 1 but with elaborate virtuosic extension based on S1:\TR Ext |
| **Closing Area (C)** | | **S1:\C** <br>• mm. 70–77 |
| | **R1:\C1.1** <br>• mm. 16–19 | |
| | **R1:\C1.2** <br>• mm. 19–26 | |
| | **R1:\C2**<br>• based on the primary theme <br>• mm. 26–28 | |

## Capítulo 7

## Movimento Unidade-Repetição de Esquemas Temáticos

Embora o emprego do ciclismo como dispositivo de unificação dificilmente constitua uma abordagem convencional, proporciona uma forte sensação de repetição de padrões que estimula o reconhecimento de um ponto de vista esquemático. Neste caso, uma técnica complexa de desenvolvimento composicional torna-se uma técnica mais simplista nos domínios do padrão e da percepção. Haydn sabia que o seu público principal careceria de conhecimento e compreensão em muitos padrões esquemáticos de música, mas ao criar o seu próprio esquema no início de uma peça e depois usá-lo repetidamente, força a recolha e o reconhecimento nos seus ouvintes. Alistado no concerto D-major de Haydn, este dispositivo de unificação dá ao concerto um som de familiaridade para os seus ouvintes, pois o desdobramento dos temas ao longo da peça soa reconhecível porque muitos deles estão relacionados com temas anteriores. Ao comparar os motivos de abertura de cada movimento do concerto D-major, os temas são quase exactos no seu movimento melódico central.

O surgimento de um motivo ou motivos acontece frequentemente nas obras de Haydn. De um ponto de vista composicional, há uma oportunidade de mostrar engenho e maestria através da manipulação de um tema para outro. De um ponto de vista esquemático, estas manipulações reduzem a um único desenho esquemático. Consequentemente, o aparecimento de múltiplos temas pode residir na realidade como repetições de um único desenho temático.

Haydn certamente utilizou material e padrões pré-existentes em muitas das suas obras, mas o uso da unidade cíclica dentro de uma única obra apresenta pontos de vista interessantes na repetição de padrões. A este respeito, Haydn cria o seu próprio padrão original no início da peça e depois utiliza-o como esquema para o resto da obra. O ouvinte não precisa então de um padrão pré-existente (ou conhecimento prévio) no qual comparar temas, uma vez que Haydn dá o padrão. Na maioria dos contextos esquemáticos, o esquema original não é dado, apenas a repetição baseada no esquema original; contudo, Haydn apresenta tanto o esquema real como a repetição.

Embora as nuances dos especialistas criem um sentido de individualidade entre os temas do concerto D-major, os temas de abertura de cada um dos três movimentos apresentam uma ultrapassagem de um motivo original. A subida gradual do intervalo de um terceiro, especificamente graus de escala ©-©-©, explica este motivo original, e este movimento é mostrado no Exemplo 1 mostra este motivo com símbolos de graus de escala, e o parêntese superior chama a atenção para este movimento como o motivo melódico geral. A subida de © (um tom de acorde na harmonia subjacente) para © (também um tom de acorde) é preenchida com um tom de passagem sobre ©. O O parêntese inferior no exemplo 1 indica um segundo motivo, que é principalmente rítmico. Embora este motivo também contenha o intervalo de um terceiro, o ritmo da oitava nota pontilhada, décima sexta nota, seguida de uma oitava nota, constitui um gesto rítmico de importância.

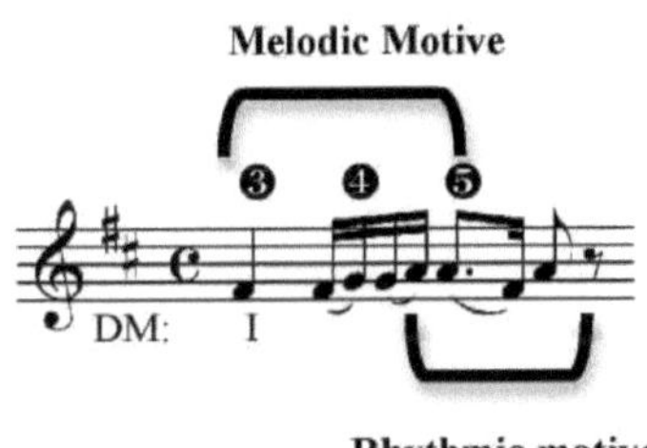


**Example 1.** Haydn, Concerto em D, primeiro movimento, m. 1, derivação motivada.

Ao comparar o tema de abertura do primeiro movimento com o tema de abertura do segundo movimento, notam-se semelhanças notáveis entre os dois. Talvez a unidade rítmica mais notável ocorra na repetição do gesto pontilhado da décima oitava e sexta nota ouvida pela primeira vez no primeiro movimento; ver batida 3 do exemplo 1 para um lembrete deste motivo rítmico. O tema de abertura do segundo movimento, visto no exemplo 2, contém o esboço passo a passo de um terceiro© a © com © como tom de passagem. Em contraste com o primeiro movimento, a subida ©-©-© aparece agora como uma descida ©-©-©, um padrão em retrógrado. O motivo rítmico pontilhado do oitavo sexto oitavo oitavo funciona como ornamento de cada tom na descida de ©-©-©.

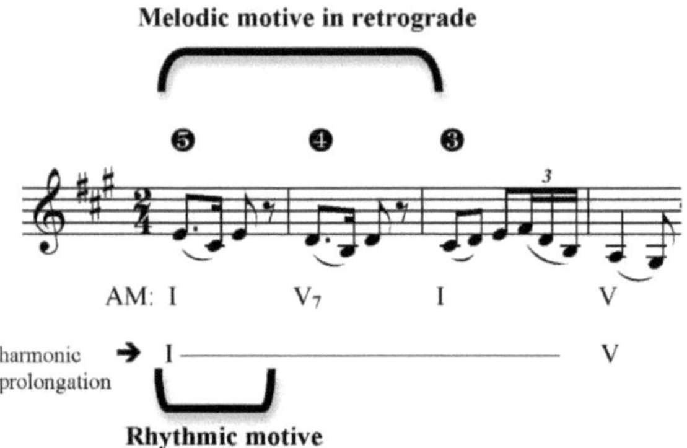


**Example 2.** Haydn, Concerto em D, segundo movimento, mm. 1-2, motivos melódicos e rítmicos.

Embora metricamente diferente dos simples duple metros dos dois primeiros movimentos, os 6/8 metros do terceiro movimento contêm um refrão de rondó que utiliza o mesmo material melódico que os temas de abertura dos movimentos um e dois. Os movimentos que ocorrem na batida (batidas 1, 2, e 1) correspondem directamente com o terceiro motivo escalonado. Este tema, contudo, utiliza notas vizinhas mais baixas para ornamentar cada passo na terceira subida. A relação entre os temas dos movimentos três (iii) e um (i) é mostrada na figura 3. As linhas de ligação no exemplo denotam os movimentos motivados

**Example 3.** Haydn, Concerto in D, third and first movements, mm. 1–2 and m. 1, thematic comparison.

partilhados entre os temas.

Ao longo dos três movimentos do concerto D-major, Haydn não só utiliza temas relacionados com a motivação, como também preserva os graus exactos da escala e a sua função musical. Com o intervalo de um terceiro a servir de motivo melódico primário, Haydn mantém o uso de © e © para delinear este intervalo. Além disso, estes dois graus de escala suportam uma harmonia tónica, com © a servir um 28 função. A função passante de 0 aparece ou como um tom passante dissonante, frequentemente com uma harmonia tónica subjacente, ou como um tom passante consonante apoiado numa harmonia que funciona de forma linear (uma harmonia vizinha ou passante que prolonga uma harmonia mais importante - muitas vezes a harmonia tónica). Um exemplo disto aparece no tema do segundo movimento em que © aparece como parte de uma harmonia V7, mas a harmonia tónica aparece tanto nas medidas antes como depois, fazendo com que o V7 funcione como um prolongamento global da harmonia tónica. Este prolongamento harmónico global é indicado no exemplo 2 no segundo conjunto de numerais romanos por baixo do bastão.

## Capítulo 8

### Escolhas formais em Terceiros Movimentos: As Implicações da Repetição do Formulário do Rondo

Os padrões formais dos dois concertos de violoncelo nos terceiros movimentos implicam objectivos ouvintes diferentes devido ao seu tratamento da repetição musical. Como já foi referido, o terceiro movimento do D- grande concerto abre com um tema que está motivadoramente ligado aos temas de abertura dos dois movimentos anteriores, empregando um sentido de unidade cíclica. Assim, um padrão temático consegue a repetição ao longo de todo o concerto. Embora Haydn já tivesse estabelecido um forte padrão de repetição temática, instilou ainda mais a memorabilidade temática e utilizou o tema motivadamente ligado como um refrão na estrutura do rondó baseado na repetição do terceiro movimento.

A reiteração de padrões musicais, especialmente no movimento final de uma obra, dá fortes implicações no domínio da recordação. Embora um tema espectacular possa certamente ser recordado após uma única audiência, múltiplas repetições do mesmo tema podem também servir como um poderoso dispositivo na memória de um ouvinte. Para o rondó final de Haydn no concerto D-major, o segmento de refrão, visto no exemplo 3, é ouvido nove vezes (dez vezes, se a repetição em menor for contada). Embora várias repetições deste segmento possam cair numa categoria maior de uma ocorrência de refreio completo, há no entanto uma quantidade extraordinária de repetição. Haydn quase que sem dúvida assegura aos seus ouvintes a memorização do seu material temático no momento em que saem da sala de concertos.

**Exemplo 4.** Haydn, Concerto em D, terceiro movimento, tema de refreio.

O movimento final do C-major concerto, em comparação, exibe uma estrutura em forma de sonata, que é por defeito um arquétipo formal mais sofisticado. O tema de abertura é novidade para o movimento, ao contrário do tema do terceiro-movimento motivado do concerto D-major. O contorno do tema, combinado com o rápido florescimento da décima-sexta nota, torna-o muito menos capaz de cantar do que o tema do rondó folclórico utilizado no concerto D-major. A abertura deste tema mais instrumental e de frases longas (em comparação com o tema do terceiro movimento do D-major) é mostrada no exemplo 5. As figuras escalares rápidas são idiomáticas para o género instrumental, uma vez que o ritmo rápido e os intervalos variáveis apresentam dificuldades para a voz.

Embora o concerto D-major seja uma peça de música instrumental, o movimento predominantemente gradual do terceiro movimento apresenta temas que são facilmente cantáveis, mesmo para as vozes mais novatas. Isto, combinado com a melodia folclórica, dá ao movimento laços estreitos com os géneros vocais. Isto contrasta com o concerto de C-major, que apresenta temas e trabalhos de passagem que causariam dificuldade em cantar. Para além do trabalho de passagem rápido visto na abertura do concerto C-major, outras secções mostram as características instrumentais prevalecentes. Duas dessas passagens, apresentadas nos exemplos 6 e 7, mostram saltos grandes e rápidos em registo, e o exemplo 6 mostra também a utilização de paragens duplas (mais do que um tom tocado simultaneamente). Todas estas características dão ao movimento idiossincrasias instrumentais. Como discutido na parte 1 deste documento, os géneros vocais foram considerados os tipos de música mais acessíveis, e a utilização de elementos vocais na música instrumental causou uma maior familiaridade e acessibilidade para o ouvinte.

**Exemplo 5.** Haydn, Concerto em C, terceiro movimento, mm. 41-55, tema de abertura (R1:\P) com solista.

**Example 6.**  Haydn, Concerto em C, terceiro movimento, mm. 60-61, grandes saltos em registo.

**Example 7.**  Haydn, Concerto em C, terceiro movimento, mm. 68-70, grandes saltos em registo e paragens duplas.

**Capítulo 9**

**Expectativas Temáticas**

O ritornello de abertura da orquestra (R1) de um concerto serve um papel vital na criação de expectativas para o resto do movimento. Este ritornello dá ao ouvinte um guia para o movimento, fornecendo o material temático principal e apresentando-o numa ordem específica, o que dá ao ouvinte uma antecipação do que está para vir.[46] No sentido mais convencional, o R1 fornece um plano de expectativas. A orquestra estabelece um padrão, que é depois seguido por uma repetição antecipada do padrão com a adição do solista.

O concerto D-major de Haydn segue o padrão convencional de antecipação do género concerto. Com excepção de pequenas diferenças ornamentais, os temas primários e secundários do primeiro andamento são idênticos entre o primeiro ritornello da orquestra (R1) e a primeira entrada a solo (S1). Existem flutuações nas ornamentações, mas o material temático central permanece intacto. O tema de abertura do primeiro movimento, R1:\P, começa com uma frase de seis medidas que termina numa cadência autêntica perfeita (PAC). Quando a frase correspondente é apresentada durante a primeira rotação a solo (S1), a frase permanece com o mesmo comprimento e apresenta apenas alterações ornamentais mínimas. Uma comparação destas duas apresentações é mostrada no exemplo 8, com parênteses que indicam os diferentes embelezamentos entre as duas.

---

[46] Hepokoski e Darcy, *Elementos da Teoria da Sonata,* 447-51.

**Example 8.** Haydn, Concerto em D, primeiro movimento, mm. 1-6 e mm. 29-34, comparação do tema R1:\P entre as rotações ritornello orquestral (R1) e solo (S1).

Tal como as apresentações de R1:\P, as apresentações de R1:\S entre R1 e S1 também permanecem semelhantes na aparência. Embora as primeiras frases do tema secundário entre R1 e S1 terminem em cadências diferentes, o material temático é exactamente o mesmo. Uma comparação destas duas frases é mostrada no exemplo 9, com os parênteses a chamar a atenção para a variância ornamental.

**Example 9.** Haydn, Concerto em D, primeiro movimento, mm. 13-16 e mm. 50-80, comparação temática secundária entre o ritornello da orquestra e as rotações a solo.

O esquema de repetição do concerto C-major entre as rotações R1 e S1 difere do que ocorre no concerto D-major. Embora as ornamentações virtuosísticas típicas também se apliquem neste concerto, existe uma ocorrência mais marcante: o tema secundário apresentado em R1 não é o mesmo tema secundário apresentado pelo solista em S1. Apresentado pela primeira vez em R1, o tema R1:\S, que é mostrado no exemplo 10, não aparece em nenhuma das rotações de solo, e o tema S1:\S, que é mostrado no exemplo 11, não aparece em nenhuma das rotações do ritornello. Por outras palavras, o solista não toca o tema S da orquestra e a orquestra não toca o tema S do solista. O tema secundário apresentado em R1 (R1:\S) cria um padrão esperado para a próxima entrada a solo. Neste caso, o padrão de repetição esperado é quebrado e evitado em favor de um tema completamente diferente.

**Example 10.** Haydn, Concerto em C, primeiro movimento, mm. 12-15, tema secundário apresentado em R1 (R1:\S).

**Example 11.** Haydn, Concerto em C, primeiro movimento, mm. 27-30, novo tema secundário

apresentado em S1 (S1:\S).

Para além da inesperada falta de repetição transmitida com um novo tema S, o padrão formal que o precede também segue uma abordagem pouco tradicional. Na maioria das peças do período clássico que utilizam a estrutura de sonataforma, uma meia cadência seguida de uma pausa, considerada a cesura medial, serve para dividir a exposição em duas partes. [47] A primeira parte, que consiste num tema primário e transição, culmina numa cadência distinta seguida de uma "pausa de meia cadência", à qual se segue o tema S. [48] A cadência que precede a cesura medial é frequentemente uma meia cadência na chave dominante ou tónica, mas na secção S1 do concerto C-major, ouve-se uma cadência autêntica perfeita, apresentando uma deformação da norma. Olhando várias medidas a partir desta cadência, verifica-se que não ocorre qualquer transição. A cadência autêntica perfeita ouvida no m. 26 não só fecha a área temática primária, mas também cria um efeito de cesura medial que leva ao tema S. Hepokoski e Darcy consideram este tipo de situação como uma "falha de quarto nível", o que é uma ocorrência rara. Uma vez que a área de transição é omitida, o PAC serve como uma cadência de cesura medial retórica para preparar o Tema S. [49] A repetição da resolução cadencial no m. 26 substitui a interrupção literal da cesura, criando o que é conhecido como preenchimento da cesura. [50] Depois deste forte PAC, o tema S não começa na chave dominante esperada, mas começa no tónico e funde-se na chave correcta várias medidas mais tarde - uma outra ocorrência invulgar.

A utilização de diferentes temas S num concerto é uma "estratégia menos comum", mas esta técnica é suficientemente frequente noutros concertos - os de Mozart, por exemplo - que a sua utilização por Haydn no concerto C-major não existe como uma anomalia.[51] Para efeitos do presente documento, o que é mais importante do que a utilização de dois temas diferentes é que Haydn teve a oportunidade de repetir um tema mas optou por não o fazer. A recapitulação torna-se um acontecimento muito esperado porque este espaço oferece outra oportunidade de repetição, e com dois temas S contraditórios, pode proporcionar uma resolução para o desacordo. Uma possível resolução inclui a utilização dos dois temas, mas outra possibilidade inclui a utilização apenas de um dos temas, fazendo com que este tema ganhe superioridade através da repetição. No caso deste concerto, a resolução da recapitulação é agridoce: o tema S de S1 é utilizado (S1:\S), mas é significativamente alterado, de modo que não resulta uma solução clara para o

---

[47] Ibid., 18.

[48] Ibid.

[49] Ibid., 29.

[50] Ibid., 40.

desacordo do tema S. Este tema, visto no exemplo 12, apresenta uma inversão do motivo principal do tema S1:\S, mas depois diverge. Assim, nenhum dos temas secundários da exposição tem uma repetição literal na recapitulação. Haydn teve duas oportunidades específicas e antecipadas de repetição temática e evitou ambas!

**Example 12.**   Haydn, Concerto em C, primeiro movimento, mm. 102-107, apresentação do tema secundário em recapitulação.

## Capítulo 10

## Expectativas de Frase e Cadência

Para além das expectativas específicas do concerto de padrões musicais, as expectativas gerais de padrões musicais também se aplicam. Os inícios tanto dos concertos de C-major como de D-major empregam elementos de extensão de frase. A extensão de frases em si já quebra um padrão de expectativas, mas os dois concertos transmitem diferentes tipos de extensão nos próximos exemplos. O início do concerto D-major, mostrado no exemplo 13, parece implicar uma estrutura de 4 medidas; contudo, o movimento que parece ser dirigido para uma cadência autêntica perfeita (PAC) no m. 4 é, em vez disso, evitado em favor de uma cadência autêntica imperfeita (IAC). Esta opção menos conclusiva dá o impulso para uma extensão de duas medidas da frase, o que leva ao PAC antecipado. A frase de seis medidas divide-se em duas subfrases de 2 medidas mais uma extensão cadencial de duas medidas. O núcleo da frase é então simétrico (2+2) e a adição da extensão de duas medidas torna a estrutura global da frase 2+2+2, o que proporciona um elemento de equilíbrio dos agrupamentos de duas medidas.

**Example 13.** Haydn, Concerto em D, primeiro movimento, mm. 1-6, extensão de frase.

As medidas 1-4 no concerto C-major, mostradas no exemplo 14, exibem também um tipo de extensão de frase. As duas primeiras medidas implicam uma cadência perfeita e perfeita - movimento melódico de © a © sobre a posição de raiz V e I harmoniza, respectivamente. Contudo, o movimento melódico continua depois de ©-going to © e depois ©-resultando numa cadência autêntica imperfeita e deixando a declaração menos 37 concludente. A estrutura destas duas medidas presta-se muito bem a um tipo de estrutura de frases periódicas. A inconclusiva IAC da primeira frase sugere uma frase prévia, o que implica que se seguirá uma frase consequente com um final mais conclusivo. Se se ignorar o m. 3 e, em vez disso, parecer que o m. 4 é o início da frase seguinte, a estrutura contém elementos de um período paralelo, mas um elemento importante da estrutura periódica está ausente. Numa estrutura periódica, a cadência final é *mais* conclusiva do que a cadência interior, mas esta frase termina com uma meia cadência ainda *menos* conclusiva em m. 5. Outro elemento irregular da frase é o seu comprimento ímpar de cinco medidas. Embora a frase de abertura do D-grande concerto forneça um elemento de expansão da frase, a extensão da frase nesta frase é menos simétrica porque as medidas estão agrupadas como 2+1+2. A frase faria sentido sem a medida 3, mas a sua presença cria uma extensão de uma medida da frase. Ao contrário da expansão cadencial externa do D-major concerto, esta extensão ocorre dentro da frase, tornando a medida 3 uma medida interpolada dentro do interior da frase.

**Example 14.** Haydn, Concerto em C, primeiro movimento, mm. 1-5, extensão de frase.

Os esquemas de repetição entre as entradas de orquestra e solo fornecem um ambiente ideal para a variação de estruturas de frases dentro de apresentações do mesmo tema. Por exemplo, uma declaração do tema num ritornello orquestral pode ser repetida literalmente numa rotação a solo, ou a declaração na rotação a solo pode fornecer algum tipo de variedade à estrutura original. Para esta técnica, os temas de abertura dos movimentos lentos de ambos os concertos fornecem um exemplo de dois efeitos diferentes. No concerto D-major, o movimento começa com o solista a apresentar uma frase simétrica de 8 medidas, que é mostrada no exemplo 15. Imediatamente após esta frase, o solista abandona o concerto e um *tutti* orquestral oferece uma repetição da frase; esta repetição é mostrada no exemplo 16. Ao comparar o original com a repetição, não se encontrará nenhuma alteração na estrutura da frase. A repetição aparece uma oitava mais alta e apresenta a adição de violoncelo, contrabaixo e oboés, mas o material melódico do tema e o comprimento da frase permanecem exactos.

**Exemplo 15.** Haydn, Concerto em D, segundo movimento, mm. 1-8, apresentação original do tema.

**Exemplo 16.** Haydn, Concerto em D, segundo movimento, mm. 9-16, repetição do tema.

O C-major concerto, em contraste, contém uma duração de frase variada entre a apresentação original do tema de abertura e a sua repetição. O movimento começa com uma frase de 7 medidas ouvida na orquestra *tutti*, mostrada no exemplo 17. Para além do comprimento irregular de 7 medidas, o tema tem também uma repetição irregular do solista nas medidas 6-24 que apresenta uma adição de duas medidas. Neste caso, é utilizada uma extensão inicial de duas medidas, fazendo com que a frase seja duas medidas mais longa do que a original. Esta repetição, ouvida na rotação a solo, é mostrada no exemplo 18. A extensão consiste numa repetição imediata das duas primeiras medidas do tema. O solista segura a nota C enquanto as duas primeiras medidas da melodia são ouvidas nos primeiros violinos. Depois disto, o solista recupera a melodia, mas começa de novo desde o início da frase, criando duas medidas adicionais de comprimento.

**Exemplo 17.** Haydn, Concerto em C, segundo movimento, mm. 1-7, apresentação original do tema.

**Exemplo 18.** Haydn, Concerto em C, segundo movimento, mm. 16-24, repetição do tema com extensão de frase.

**Capítulo 11**

**Galant Schemata**

Alguns paradigmas musicais, existentes entre o baixo e as vozes melódicas, foram utilizados tão frequentemente que o movimento melódico básico pôde ser reduzido a um de vários padrões esquemáticos. Estes padrões constituem uma prática convencional de escrita composicional ao estilo galante, e cada um envolvia um movimento contrapuntal distinto entre graus de escala específicos. Embora as sucessões de múltiplos esquemas sejam habituais nos concertos violoncelo, um desses esquemas destaca-se particularmente. O esquema "Prinner" tem uma importância especial porque o seu uso na música corresponde a um estilo musical que adere de perto às características do galante. O estilo galante, em geral, fez uso de "texturas leves, harmonia simples, melodia periódica e cadências baseadas em fórmulas".[52][53] O filósofo Voltaire descreveu o termo galante como significando "procurando agradar".[54] Talvez a caracterização deste estilo por Voltaire se aplique principalmente à utilização de esquemas galantes por Haydn, porque a sua utilização destes esquemas representa um estilo de composição que procurava agradar aos seus ouvintes.

Duas instâncias do esquema Prinner, uma de cada concerto de violoncelo, mostram o tratamento variado de Haydn do paradigma convencional. A passagem do exemplo do concerto D-major exemplifica uma coerência estreita com o esquema Prinner estabelecido, mostrado no exemplo 20, enquanto a passagem do exemplo do concerto C-major exemplifica uma abordagem mais divergente e menos conservadora do mesmo padrão, mostrado no exemplo 21. O padrão Prinner compreende um passo decente de grau © a © na melodia e um passo decente de ® a Φ no baixo. Robert O. Gjerdingen apresenta uma disposição gráfica clara deste padrão aparece em *Música no estilo Galant*, e um exemplo musical baseado no seu padrão é mostrado no exemplo 19.

---

[52] Gjerdingen, *Music in the Galant Style*, 455.
[53] Daniel Heartz e Bruce Alan Brown, "Galant" em *Grove Music Online. Oxford Music Online*, http://www.oxfordmusiconline.com.proxy.libraries.uc.edu/subscriber/article/grove/music/10512, acedido a 15 de Abril de 2010.
[54] Ibid.

**Example 19.** O esquema do Prinner baseado na *Música* de Robert O. Gjerdingen *no estilo Galant.* [55]

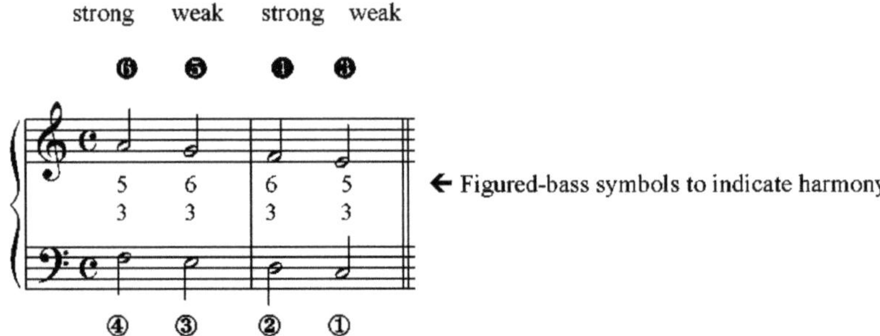



Um tratamento convencional do esquema Prinner, visto em mm. 29-32 do concerto D-major e mostrado no exemplo 20, demonstra uma estreita correlação entre o padrão estabelecido e a realização de Haydn. Embora a linha melódica ouvida no violoncelo seja altamente ornamentada, o movimento melódico primário oferece uma descida clara de © para ©, acompanhado com uma textura fina decente de ® para Φ no baixo. Mesmo com o adorno de embelezamento melódico, o movimento melódico principal representa uma correspondência perfeita com o modelo Prinner de Gjerdingen.

**Example 20.** Haydn, Concerto em D, primeiro movimento, mm. 30-31, melodia e bassline, Prinner schema.

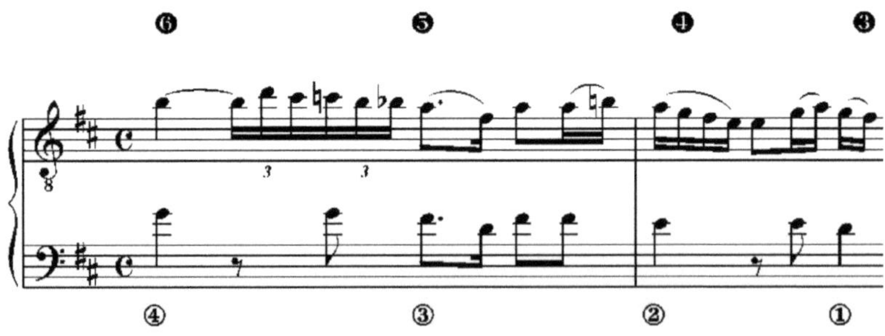


[55] Gjerdingen, *Music in the Galant Style*, 455.

Um esquema de Prinner no concerto de Cmajor de Haydn mostra uma realização diferente do mesmo padrão contrapuntal. As medidas 31-32 no primeiro movimento do concerto são mostradas no exemplo 16 e emitem uma linha melódica que pode parecer mais simples do que a passagem exemplificada no concerto D-major. Embora haja menos elaboração ornamental, ocorre uma interessante troca melódica. O © inicial deve começar um passo decente a ©, e enquanto a passagem termina aqui, a viagem a partir do © inicial toma um percurso menos que o tradicional. Em vez do © descendo para © na parte do violoncelo solo, a nota *sobe* para O através de um tom de passagem em ©. A descida de © para © ocorre, mas acontece com uma voz diferente. Este paradigma soprano-line apresenta uma troca em vozes de violoncelo solo para violino 1 e depois de novo para violoncelo solo. Além disso, quando a linha solo regressa a © (na medida 32), a nota aparece uma oitava mais alta do que a descendência original tradicionalmente sugeriria. Este deslocamento de oitava continua à medida que © se resolve para o © localizado um nono menor, em vez do meio passo esperado. Dois graus de escala, @ na voz soprano e ® na voz grave, aparecem entre parênteses no exemplo 17; estes passos formam a versão mais embelezada do esquema Prinner. A falta de ornamentação pode sugerir simplicidade, mas a troca de voz e a estrutura adicional @ over ® mostram uma realização menos característica e mais complexa do padrão.

**Example 21.** Haydn, Concerto em C, primeiro movimento, mm. 31-32, esquema de Prinner embelezado.

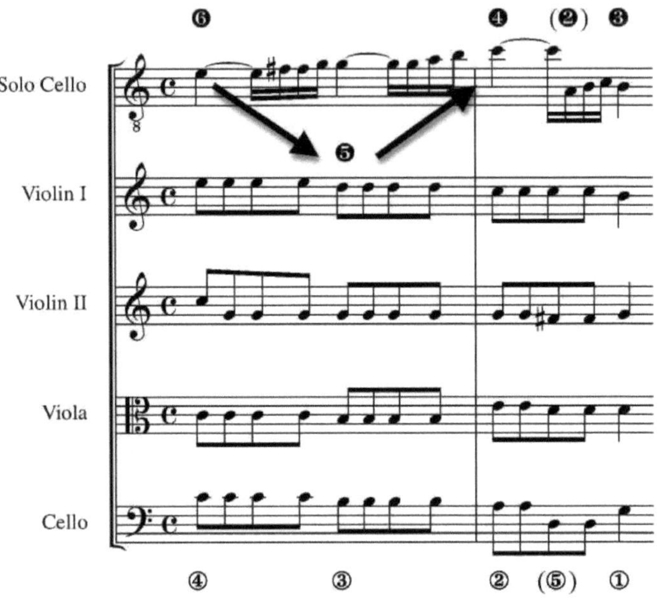


Solo Cello
Violin I
Violin II
Viola
Cello
40

Para além do esquema galante que ocorre dentro das frases, certos padrões cadenciais também funcionaram como um lugar comum. Os paradigmas cadenciais são, em muitos casos, o tipo de padrão mais imediatamente reconhecível, uma vez que a maioria das peças musicais tonais terminam com cadências impressionantemente semelhantes. Os exemplos seguintes concentram-se no tipo de cadência autêntica perfeita e nos populares padrões contrapuncionais a ela associados. Um grampo de cadências galantes, o movimento ®-®-®-®-® no baixo, representa um *clausulae perfectissimae,* do qual Gjerdingen considera um "prototípico" e um "clausula padrão"."[56] A adição de um descendente ©-@-O no soprano cria uma clausula, ou padrão cadencial, conhecido como a "Mi-Re-Do"[57] Este padrão estereotipado cadencial é o bloco de construção de muitas cadências galantes, e um exemplo simplificado desta progressão é mostrado no exemplo 22. Uma versão ligeiramente mais ornamentada deste padrão cadencial ocorre quando o soprano, em vez de descer ©-@-O, desce uma oitava completa de O para O. Embora este padrão seja um embelezamento do esquema Mi-Re-Do, o padrão melódico aparece tão frequentemente na música galante que Gjerdingen o chama de "Cudworth Clausula", depois do musicólogo Charles Cudworth. [58] Um exemplo deste padrão cadencial é mostrado no exemplo 23, com o movimento Mi-Re-Do mostrado em tipo maior.

**Example 22.** Esquema Mi-Re-Do Clausula baseado em Gjerdingen. [59]

---

[56] Ibid., 141.

[57] Ibid., 142.

[58] Ibid., 146–47.

[59] Ibid., 140–44.

Example 23. Esquema de Cudworth Clausula baseado em Gjerdingen. [60]

      Duas passagens de exemplo dos dois concertos de violoncelo, ambos dos segundos movimentos, exibem estes padrões cadenciais característicos, mas apresentam tratamentos muito diferentes. As medidas 47-50 do concerto D-major, mostradas no exemplo 24, mostram uma realização do esquema Mi-Re-Do.

Example 24. Haydn, Concerto em D, segundo movimento, mm. 47-50, Mi-Re-Do clausula schema.

      As medidas 40-51 no segundo movimento do concerto C-major, mostrado no exemplo 25, apresenta uma realização do padrão cadencial Cudworth, mas varia da progressão da tradição que é apresentada no exemplo 24. A medida 41 contém a descida rápida típica da oitava, mas a resolução esperada para O existe apenas como uma breve nota de graça, com a progressão principal a continuar a ©. Além disso, o baixo também se move para um tom inesperado, já que o típico ®-@-®-@ é substituído por ®-@-@- ®. Uma segunda tentativa no mesmo esquema cadencial é tentada três medidas mais tarde no m. 45, e o soprano

[60] Ibid.,146-49.

linha tem êxito na resolução adequada, mas a voz do baixo resolve enganosamente para ® em vez de Φ. Uma resolução bem sucedida ocorre na última medida do exemplo (m. 50), mas o soprano apresenta apenas metade da descida em escala rápida, e o baixo apresenta uma substituição de ® pelo habitual ®. Embora este exemplo mostre um padrão cadencial visto como cliché durante o seu tempo, a quantidade de jogo em torno das resoluções esperadas cria uma abordagem espirituosa e não convencional a um padrão de outra forma previsível.

**Exemplo 25.** Haydn, Concerto em C, segundo movimento, 40-51, Cudworth clausula schema.

## Percepção Musical, Intenção Composta e o Dilema Moderno

" ... a teoria da música não é apenas sobre música, mas sobre a forma como as pessoas a processam. Para compreender qualquer arte, devemos
olhar para além da sua superfície, para os detalhes psicológicos da sua criação e absorção"[61.]

- Marvin Minsky

No século XVIII, as convenções estruturais serviram não só como formas de os compositores organizarem as suas ideias musicais, mas também como um roteiro para o ouvinte. Embora a própria partitura continue a ser uma faceta essencial da criação musical, há uma relevância imperativa na percepção e compreensão da mesma por parte dos seus ouvintes. A experiência auditiva de uma peça musical e "a forma como os músicos e ouvintes reagiram à realização da música no tempo e no espaço, continua a ser um evento histórico elusivo".[6263] Embora o compositor não possa participar no acto real de percepção, as escolhas composicionais que faz podem manipular padrões para guiar os ouvintes para um estado de compreensão ou confusão.

Os estudos de reacção e compreensão do ouvinte englobam uma área de resultados muitas vezes intangíveis. Especialmente na música das gerações passadas, surge a dificuldade em encontrar provas quantificáveis sobre a forma como o público ouviu e percebeu a música do passado. Críticas de performance, diários e outros tipos de correspondência fornecem um grau de percepção, mas não são suficientes para apoiar as reclamações com absoluta certeza. A própria música, contudo, fornece um plano concreto de padrões específicos que dão uma visão das intenções composicionais, bem como do público a que se destina. A partir desta posição, a partitura oferece provas mais substanciais relativamente à percepção do ouvinte do que as opiniões do ouvinte podem dar. Especialmente em casos de ouvintes menos experientes, muito do que ouvem e compreendem resulta não de um discernimento consciente, mas antes de um reconhecimento inconsciente de uma série de configurações e modelos que o compositor apresentou específica e intencionalmente. A inteligibilidade musical não é então um direito exclusivo do perceptor, mas uma força de diálogo entre o compositor e o ouvinte em que o compositor tem a parte superior -

---

[61]  Marvin Minsky, "Music, Mind, and Meaning," *Computer Music Journal* 5, no. 3 [1981]: 28-29.


[62] Leon Botstein, "Retornando a uma Tradição Filosófica Diferente", *The Musical Quarterly* 82, no. 4 (Verão de 1999): 225-26.

mão. Através do emprego de tácticas musicais explícitas, o compositor pode conduzir o ouvinte em vários graus de compreensão ao longo do discurso musical. O ouvinte, com base no seu conjunto único de ferramentas interpretativas, compreenderá ou esquecerá o que o compositor está a tentar revelar ou reter.

Muito diferente de Haydn e da sua relação com o seu público, o compositor moderno dos séculos XX e XXI, tendo os meios e a oportunidade de escrever música que pode ser executada e publicada em todo o mundo, tem poucas oportunidades de se familiarizar com os seus ouvintes. A música de Haydn, mesmo com a propensão do compositor para agradar aos seus ouvintes, pode esforçar-se por ligar as audiências modernas, uma vez que o ouvinte moderno, tendo exposição a uma quantidade tão diversa de música, pode trabalhar para se ligar a um compositor que faleceu há centenas de anos e cuja música pode parecer simplista ou enfadonha. Depois de experimentar peças como o *Rito da Primavera de* Stravinsky, por exemplo, o ouvinte moderno tem dificuldade em ouvir uma frase assimétrica num quarteto de cordas de Haydn como qualquer coisa de especial.

A sala de concertos de hoje tem um tipo de público diferente do que Haydn poderia ter imaginado, uma vez que a sala de concertos do século XX "se tornou um lugar frio e impessoal"[63] Este tipo de ambiente apenas permite o papel do ouvinte passivo, em vez de cultivar o participante musical activo e empenhado ao qual Haydn procurou apelar. Talvez este papel não seja apenas um produto de condições de concerto, mas também o resultado de uma estética moderna que difere da do século XVIII. Em 1918, Ezra Pound, um poeta modernista americano, disse isto a respeito do papel do público:

> Os membros da audiência são espectadores, assistem a uma coisa da qual não fazem parte; e essa coisa deve ser completa em si [Música] deve ter a sua própria existência separada, para além de o público; como é totalmente inútil tentar misturar público e desempenho. [64]

À medida que a composição musical se tornava mais especializada, o público ficava mais alienado. Portanto, os compositores viam o público, ou pelo menos a audiência principal, como uma mercadoria que já não era necessária. Um forte promotor deste ponto de vista, comentou Milton Babbitt,

> Atrevo-me a sugerir que o compositor faça a si próprio e à sua música um serviço imediato e eventual através de uma retirada total, resoluta e voluntária do mundo público para um dos espectáculos privados e meios electrónicos, com a sua possibilidade muito real de eliminação completa dos aspectos públicos e sociais da composição musical. [64]

---

[63] Leon Botstein, "The Audience", *Musical Quarterly* 83, no. 4 (Inverno de 1999): 483.

[64] Murray R. Schafer, ed. com comentário, *Ezra Pound e Música: The Complete Criticism* (Londres: Faber e Faber,

[64] Milton Babbitt, "Who Cares if You Listen?", *High Fidelity* 8, no. 2 (Fevereiro de 1958): 126-27.

1978), 82.

Enquanto Babbitt procurava retirar o público dominante da equação musical, a sua linguagem musical assegura ao seu compositor-audience intenções estéticas, uma vez que escreveu a sua música num formato incompreensível para muitos.

A música no período clássico transmite uma estética oposta no que diz respeito ao papel do público. Compositores como Beethoven e C. P. E. Bach acreditavam que "o tecladista deveria atirar todo o seu corpo e personalidade para o acto de actuação, de modo a poder desempenhar o seu papel de ouvinte fora do papel de espectador passivo".[65] Em Chrysanthos do tratado de Madhytos, do qual foram citados dois excertos (ver página 10 deste documento), foram abordados dois tipos de comportamentos diferentes dos ouvintes. Com base nos exemplos fornecidos na análise anterior, o tipo de música apropriada para o primeiro tipo de ouvinte, o tipo amador, e o tipo de música apropriada para o tipo de elite alinham-se com os concertos D-major e C-major de Haydn, respectivamente. Chamando a atenção para algumas destas observações estilísticas, o crescimento motivado, repetições rítmicas, comprimentos de frases convencionais, e a gama alta do concerto D-major contrastam com a falta de repetição, frases alongadas, e utilização de gamas mais baixas no concerto C-major.

Muitos aspectos da intenção composicional são tidos em consideração na preparação de uma obra para apresentação (pode-se referir a estes como tendências), mas a faceta que envolve o público é frequentemente negligenciada. Os executantes adquirem edições críticas e/ou *urtextos* de obras e ficam obcecados com as marcações na tentativa de decifrar práticas correctas de desempenho e revelar os diferentes significados entre traços e pontos acima das notas - tudo numa tentativa de dar o desempenho mais informado e preciso. Neste sentido, o compositor e intérprete desempenham papéis activos numa actuação musical. E se o compositor pretendesse que o público desempenhasse também um papel activo na obra? Se isto for verdade, e se a intenção composicional permanecer imperativa, o papel do público não só é necessário, mas também uma força válida e contribuinte para a equação musical.

**Capítulo 13**

**Esquemas e Expectativas: A Psicologia da Experiência**

A parte de análise deste documento centrou-se na utilização e repetição de esquemas nos concertos de Haydn, mas a origem e implicações do termo "esquema" conferem particular importância porque dá significado por detrás da utilização destes padrões. O reconhecimento de padrões, musicais ou não, baseia-

---

[65] Botstein, "The Audience," 483.

se em expectativas. Estas expectativas dividem-se em duas grandes categorias: expectativas esquemáticas e expectativas verídicas. As expectativas verídicas correspondem a uma memória muito específica. [67] Em relação à música, isto representa o tipo de memória que permite a uma pessoa ouvir uma determinada peça e reconhecer que ouviu a peça exacta antes - isto também estabelece expectativas de audição, baseadas na memória verídica de uma audição passada, que o ouvinte assume que será levada a cabo. A segunda categoria de expectativas, expectativas esquemáticas, serviu de base para este estudo e é importante porque envolve não uma memória específica, mas sim uma colecção de memórias. A memória esquemática é a capacidade de reconhecer certos padrões, permitindo a uma pessoa agrupar experiências que são semelhantes mas não exactas. Este tipo de memória poderia ser utilizado para agrupar certos géneros (géneros sinfónicos ou concertos, por exemplo) ou para agrupar certos paradigmas formais (formas de rondó ou sonata, por exemplo). Se alguém é capaz de ouvir uma obra musical e reconhecê-la como a primeira sinfonia de Beethoven, esta é uma memória verídica - desde que a pessoa tenha ouvido a obra exacta antes e a reconheça na segunda audição. Em contraste, se se ouvir a mesma obra, e for capaz de reconhecer que é muito provavelmente uma sinfonia e possivelmente por Beethoven, esta é uma memória esquemática. Neste segundo caso, o ouvinte pode não estar familiarizado com a obra, mas com base na audição de outras peças do género sinfónico e outras músicas de Beethoven, o ouvinte é capaz de fazer várias avaliações e concluir que esta obra contém semelhanças com outras experiências auditivas.

Ao comparar os dois tipos de memórias, verídica e esquemática, cada uma oferece informação distinta e útil. Veja-se, por exemplo, uma situação não musical, como uma festa de aniversário. Se alguém se lembrar de uma experiência específica de festa de aniversário e se lembrar das ocorrências deste evento, este é um exemplo de memória verídica. Se, por outro lado, se pensa em festas de aniversário em geral e nos traços comuns entre elas, a pessoa alista uma memória esquemática. A maioria das pessoas assistiu a várias festas de aniversário, viu-as representadas na televisão ou em filmes, e ouviu outras pessoas falar de experiências pessoais. Com base neste conhecimento prévio das festas de aniversário, antecipar-se-á que certas actividades estarão presentes quando -

[67] Rita Aiello, introdução a "Tonality and Expectation", de Jamshed J. Bharucha, em *Musical Perceptions,* ed. Rita Aiello com John A. Sloboda (Oxford: Oxford University Press, 1994), 213.

a frequentar um. Algumas expectativas podem incluir soprar velas de aniversário, comer bolo e dar presentes. Se alguém chega a uma festa de aniversário e nenhuma destas ocorrências acontece, pode parecer bastante estranho. A pessoa chegou à festa com uma série de expectativas sobre festas de aniversário, devido a experiências e observações em outras festas de aniversário, e nenhuma destas expectativas foi satisfeita. Dependendo da pessoa, esta experiência pode ser perturbadora e confusa ou, para um festeiro experiente, pode parecer refrescante.

O termo esquema, um padrão organizado de conhecimento prévio, ganhou prevalência pela primeira vez na comunidade psicológica nos anos 30 através de Frederick Bartlett's, *"Remembering": Um Estudo em Psicologia Experimental e Serial"*.[66] Comparações com padrões esquemáticos produzem dois resultados possíveis: o padrão pode ser mantido e completado, ou pode ser evitado.[67] Os padrões raramente são repetidos exactamente como um esquema estabelecido, mas também raramente são completamente evitados. Ao comparar esquemas análogos, o interesse está no grau em que o esquema é seguido: o padrão inclina-se mais para uma convenção esquemática estabelecida, ou existem aversões distintas que direccionam o padrão para mais longe da convenção? A familiaridade e a consciência dos esquemas dentro de um determinado campo torna mais fácil distinguir a aversão de um compositor a padrões estabelecidos. Portanto, os estudiosos de uma determinada área de estudo estariam familiarizados com esquemas relacionados e seriam capazes de reconhecer subtilezas em padrões esquemáticos.[68]No que diz respeito à música, os esquemas relativos à estrutura musical são particularmente úteis para o repertório do século XVIII porque a maioria das estruturas musicais, tanto em grande como em pequena escala, eram altamente baseadas nas convenções estilísticas da época.

A palavra *convenção* deriva da palavra *convento* Medieval-Latina, que significa acordo ou pacto.[69] Por conseguinte, um compositor que emprega convenções estruturais numa peça musical tem um *acordo* com os seus ouvintes; deve então presumir-se que o ouvinte está ciente de tais padrões convencionais. O conhecimento de tais padrões, "formados com base em experiências passadas . . e que consiste num conjunto de expectativas (geralmente inconscientes) sobre como as coisas são e/ou a ordem em que ocorrem",[70] tem implicações musicais poderosas. Robert Gjerdingen disse: "O esquema é, portanto, uma abreviatura para pacote de conhecimentos", e talvez a melhor descrição destes padrões.[71] Concebivelmente mais do que qualquer outro período, a era clássica da música fornece uma vasta quantidade de peças baseadas em convenções estruturais pré-existentes. Ao abordar a razão pela qual isto pode ser, há que considerar por que razão um compositor, ou ainda mais importante, um público, pode preferir a utilização de convenções. Janice E. Kleeman afirma, "a existência de composições fixas tem a ver com a estética: o nosso gozo pelo familiar.

---

[66] Robert O. Gjerdingen, *A Classic Turn of Phrase: Música e a Psicologia da Convenção* (Filadélfia: University of Pennsylvania Press, 1988), 4.

[67] Michael Spitzer, "Haydn's Reversals": Style Change, Gesture and the Implication-Realization Model," in *Haydn Studies*, ed. W. Dean Sutcliffe (Cambridge: Cambridge University Press, 1998), 180.

[68] Gjerdingen, *Music in the Galant Style*, 11.

[69] "Convocar", em *Oxford Reference Online*, http://www.oxfordreference.com.proxy.libraries.uc.edu/views/ENTRY.html?subview=Main&entry=t27.e3363, acedido a 15 de Abril de 2010.

[70] Jean Matter Mandler, "Organização Categorizada e Esquemática em Memória", em *Organização e Estrutura da Memória*, ed. C. Richard Puff (Nova Iorque: Academic Press, 1979), 263.

[71] Gjerdingen, *Music in the Galant Style*, 11.

Talvez as suas raízes estejam no sentido da segurança obtida com a ordem e a previsibilidade". [72]

A segurança da audição musical de uma pessoa está directamente dependente das suas experiências passadas. Uma pessoa com mais experiências passadas num determinado cenário é susceptível de ter construído uma maior quantidade de expectativas e familiaridade com ocorrências futuras do mesmo tipo do que aquelas com menos experiências, causando uma maior capacidade de reconhecer quando as expectativas são cumpridas. Por outro lado, mesmo que duas pessoas, músicos clássicos, por exemplo, tenham o mesmo tipo de experiências, as suas percepções podem ser significativamente diferentes. Se se assistir apenas a concertos de música Clássica-Romântica, desenvolvem-se certas expectativas de padrões musicais e sintaxe. Se outro músico assiste apenas a concertos de música extremamente moderna e contemporânea, esta pessoa desenvolve um conceito de normas musicais totalmente diferente.[73] Se o concertista de música clássica-romântica assistir a um concerto de música contemporânea, o que esta pessoa pode achar chocante pode parecer completamente comum aos participantes de concertos contemporâneos experientes. Isto pode ser tanto uma virtude como um vício para os concertos modernos, porque um público médio apresenta uma grande variedade de conhecimentos esquemáticos. O público do século XVIII, especificamente o de Haydn, não teve a oportunidade de experimentar música de grande diversidade. Foi a quantidade de experiência de concerto, e não a variedade de música a que estavam expostos, que ditou o seu nível de competência.

A quebra de padrões esquemáticos no C-major concerto de Haydn sugere um certo nível de reconhecimento de padrões na sua audiência, pois seria necessário compreender o próprio padrão convencional para distinguir e reconhecer as instâncias que quebram a norma. Isto advoga que a base de audiência durante o período de concepção do concerto D-major manteve um nível relativamente elevado de competência e familiaridade musical. No concerto D-major, contudo, Haydn apresenta o seu próprio padrão esquemático para ser repetido ou mantém-se fiel às convenções esquemáticas estabelecidas, o que sugere uma base de audição menos familiar. Como a repetição invoca a memória, a proeminência da repetição de temas e padrões na obra sugere um compositor que se adapte às percepções de um ouvinte mais inexperiente.

[72] Janice E. Kleeman, "The Parameters of Musical Transmission", *Journal of Musicology* 4, no. 1 (Inverno 1985-1986): 12-13.

[73] Ideia para esta comparação retirada de Gjerdingen, *Music in the Galant Style,* 11.

## Capítulo 14

**Relações Simbióticas entre Participantes Artísticos**

Na actuação, há três partes envolvidas na experiência musical: (1) o compositor, (2) os intérpretes, e (3) os ouvintes.[76] Os intérpretes são irrelevantes se não houver música para executar, e não têm ninguém para executar se não houver público. Da mesma forma, o público não tem nenhuma actuação a assistir se não houver intérpretes. A interdependência entre os intérpretes e o público está de facto presente. Na relação intérprete-auditor, existe uma simbiose entre as duas partes, pois nenhuma delas pode existir sem a outra. A relação entre compositor e público pode parecer unilateral, sendo que apenas o público necessita do compositor. E se a relação compositor-audience fosse tão relevante como a relação intérprete-audience?

O público desempenha um papel significativo na trilogia compositora-audientista, e é possivelmente o mais importante de todos. Janice E. Kleeman discute quatro processos presentes na experiência musical. O primeiro é (1) a construção, que é o papel principal do compositor. Embora se possa dizer que o intérprete desempenha um papel na construção de uma obra, este pode ser melhor considerado como um processo secundário, (2) a reconstrução. Utilizando a partitura, o intérprete reconstitui uma composição com base num conjunto detalhado de fórmulas musicais que transmitem o produto pretendido pelo compositor. Depois disto, o ouvinte inicia o processo de (3) percepção e memória. O ouvinte ouve a música executada e, com base nas suas experiências passadas e intuições musicais únicas, é capaz de comprometer a memória de certos aspectos da música. No terceiro processo, o ouvinte começa a recordar grupos de sons, e se alguma destas semelhanças apresentar semelhanças com grupos de sons anteriormente ouvidos, serão ainda mais fáceis de se comprometer com a memória.[77] O quarto processo envolve o da (4) selecção. É aqui que o público, em particular, avalia a música experimentada. O intérprete pode também desempenhar um papel neste processo de avaliação, mas o público, que normalmente é composto por um número significativamente maior de pessoas do que de intérpretes, tem uma grande palavra a dizer em termos de avaliação musical e assim determina se a peça será ouvida por outros públicos ou se deverá cessar a sua futura execução.[78]

Pode-se argumentar que a avaliação da música é um ser inteiramente subjectivo, uma vez que a opinião musical é susceptível de gostos variados, mas existem certas constantes que se aplicam aos ouvintes em geral. As pessoas geralmente gostam de desafios, mas não gostam daqueles que são inatingíveis; e isto é certamente verdade na música. Estes desafios musicais apresentam-se frequentemente sob a forma de

---

[76] Karol Berger, "Toward a History of Hearing," 405.
[77] Kleeman, "The Parameters of Musical Transmission," 21.
[78] Ibid., 22.

imprevisibilidade. Enquanto dá interesse à música, demasiada imprevisibilidade torna a música ininteligível para o ouvinte. Por outro lado, a previsibilidade torna a música compreensível, mas o excesso nesta direcção deixa a música aborrecida e aborrecida. Assim, o valor musical "é uma espada de dois gumes, afastando tanto o insípido como o esotérico". [79]

Em muitos aspectos, a avaliação regressa à teoria do esquema e à ideia de expectativas. Deve ser encontrado um equilíbrio entre a adesão aos esquemas e a divergência criativa em relação aos mesmos. Ao ouvir um grupo de notas, ou mesmo um padrão maior de material musical, o ouvinte irá imediatamente, e inconscientemente, "fazer corresponder a informação previamente codificada que é armazenada na Memória de Longo Prazo; isto é reconhecimento de padrão".[80] O reconhecimento de padrões refere-se à noção de padrões estruturais, ou convenções, e deriva de um contrato musical entre o compositor e o ouvinte. Este contrato pertence principalmente ao compositor e ao seu *público pretendido*, que seria o público do período para o qual ele compôs. Como a repetição certamente provoca reforço, compreensão e recordação, o uso de Haydn, e as suas decisões para evitar, esta técnica mostra um compositor que conhecia bem o seu público, composto de acordo com os seus níveis únicos de consciência, e ao fazê-lo manteve a estética do ouvinte activo do século XVIII.

### Conclusão

As passagens dos dois concertos violoncelo examinados neste documento não tentam apresentar uma colecção exaustiva de repetição e divergência de padrões, mas procuram antes fornecer um estudo de caso abrangente dos diferentes tipos de dispositivos que Haydn empregou para cultivar as capacidades perceptivas únicas dos seus ouvintes. As esmagadoras ocorrências de divergência de padrões no concerto C e a aderência de padrões no concerto D-major mostram a progressividade do primeiro e a conservadoridade do segundo.

A categorização dos concertos de acordo com os traços estilísticos não pretende impor o julgamento de nenhum dos dois, pois ambos são gemas do repertório. A sua classificação neste documento representa um olhar analítico sobre a utilização por Haydn de técnicas simples e complexas. Outra mudança de perspectiva tem a capacidade de inclinar a escala em outras direcções, revelando relações dicóticas alternativas na música de Haydn. Olhando para a música do ponto de vista dos padrões esquemáticos, porém, não só caracteriza o estilo estrutural das obras, mas também o tipo de público.

O último concerto D-major mostra uma atenção mais estrita às práticas convencionais, o que pode ser visto como estranho considerando a tendência habitual de Haydn para tratamentos mais liberais de

---

[79] Ibid., 2.
[80] Ibid., 6.

procedimentos construtivos. Esta peculiaridade desaparece, contudo, quando se leva em consideração o seu público pretendido, assim como o seu desejo de aderir aos objectivos estéticos do século XVIII. Embora a ornamentação luxuosa e o florescimento do virtuosismo no concerto D-major possam ser enganadores, Haydn utilizou realizações simplistas de padrões estruturais que tornam o trabalho acessível e compreensível para os seus ouvintes. Criou temas motivados que fizeram os novos temas parecerem familiares, seguiu as expectativas antecipadas de desenhos de sonata e de concerto, manteve fortes os típicos e conhecidos esquemas galantes, manteve frases curtas e previsíveis, incorporou elementos de música popular, e fez com que as suas melodias parecessem indígenas à voz, todas elas reiterando elementos de esquemas que o ouvinte básico possuía.

O C-major concerto, muitas vezes reconhecido como uma peça para jovens e violoncelistas em desenvolvimento, dificilmente se adapta a práticas previsíveis. Utilizando muito menos melodias floridas do que o concerto D-major, o concerto C-major aparentemente simples exibe um tratamento progressivo e complexo da estrutura musical. Com tantos arquétipos do período clássico baseados na repetição e reiteração, esta peça contém muito poucos exemplos destes. Ao contrário do concerto em D-major, os padrões não seguem de perto os esquemas estabelecidos. Em vez de reafirmar os esquemas conhecidos para os ouvintes, ele evita-os por completo. As brincadeiras com expectativas só são bem sucedidas se o ouvinte tiver a capacidade de reconhecer padrões normais de antecipação. Com os ouvintes do concerto C-major já a ter fluência nos padrões esquemáticos da época, Haydn não tinha motivos para os reafirmar, e por isso tinha a liberdade de compor fora das restrições de expectativa. Com a dedicação de Haydn ao ouvinte activo, deve-se assumir que a escolha do compositor para se libertar da norma foi baseada na sua confiança na consciência do seu público.

Os dois concertos exibem um mapeamento de padrões esquemáticos que correspondem directamente à estética do período clássico. As diferentes utilizações dos padrões representam, no entanto, uma estética singular porque o estilo de cada concerto está alinhado com o seu tipo de público dirigido. A satisfação da estética do século XVIII exigia que o trabalho falasse às capacidades e gostos do público, e a mudança de procedimentos formais de Haydn reflecte uma acomodação para o seu ouvinte. O público de Haydn no tribunal de Esterhaza desejava drama e originalidade, e eram versados em linguagem musical convencional. A progressividade ouvida no concerto de C-major articula a progressividade dos ouvintes no tribunal. A regressão da originalidade estilística e a divergência no concerto em D-major mostra um público menos elitista. A decisão de Haydn de proporcionar ou negar a repetição destes padrões reflecte o seu empenho em ajudar a percepção do seu ouvinte. A capacidade de Haydn de transmitir ideias através da manipulação de padrões mostra mais do que uma flutuação entre estilos simples e complexos - demonstra brilhantismo na ingenuidade composicional. Haydn compreendeu sem dúvida o seu público e cultivou relações que asseguraram uma escuta e compreensão activas, e ao fazê-lo, reafirmou a importância da parceria compositor-audience e o significado da comunicação no desempenho musical.

54

## Bibliografia

Agawu, Kofi. "Haydn's Tonal Models": O Primeiro Movimento da Sonata de Piano em E-Flat Major, Hob. XVI:52". Em *Convenção na Música do Décimo Oitavo e Décimo-Nono Século XIX: Essays in Honor of Leonard G. Ratner,* editado por Wye J. Allanbrook, Janet M. Levy, e William P. Mahrt, 322. Stuyvesant, NY: Pendragon Press, 1992.

Aiello, Rita. Introdução a "Tonicidade e Expectativa", por Jamshed J. Bharucha. Em *Percepções Musicais,* editado por Rita Aiello com John A. Sloboda, 213-39. Oxford: Oxford University Press, 1994.

Babbitt, Milton. "Quem se importa, se Ouvir?". *High Fidelity* 8, no. 2. Fevereiro de 1958: 38-40, 126-127.

Badley, Allan. "Concerto". Em *Haydn,* editado por David Wyn Jones, editor consultor Otto Biba, 41-51. Oxford: Oxford University Press, 2002.

Balthazar, Scott L. "Intellectual History and Concepts of the Concerto: Some Parallels from 17501850". *Journal of the American Musicological Society* 36, no. 1 (Primavera de 1983): 39-72.

Beechey, Gwilym, William Boyce, e J.H., "Memórias do Dr. William Boyce". *The Musical Quarterly* 57, no. 1. Jan. 1971: 87-106.

Berger, Karol. "Rumo a uma História de Audição": O Concerto Clássico, Um Caso Exemplar". Em *Convenção na Música do Décimo Oitavo e Décimo-Nono Século XIX: Essays in Honor of Leonard G. Ratner,* editado por Wye J. Allanbrook, Janet M. Levy, e William P. Mahrt, 405-30. Stuyvesant, NY: Pendragon Press, 1992.

Berry, Wallace. *Forma em Música: Um Exame de Técnicas Tradicionais de Forma Musical e suas Aplicações em Estilos Históricos e Contemporâneos.* 2ª ed. Englewood Cliffs, NJ: Prentice Hall, 1986.

―――. *Funções Estruturais na Música.* Englewood Cliffs, NJ: Prentice Hall, 1976.

Bond, Mark Evan. "Haydn, Laurence Sterne, and the Origins of Musical Irony". *Journal of the American Musicological Society* 44, no. 1 (1991), 57-91.

―――. *Retórica sem palavras: Forma Musical e a Metáfora da Oração. Estudos sobre a História da Música.* Editores gerais Lewis Lockwood e Christoph Wolff. Cambridge: Imprensa da Universidade de Harvard, 1991.

Botstein, Leon. "A música e o seu público: Hábitos de Audição e a Crise do Modernismo Musical em Viena, 1870-1914 (Áustria)". Dissertação de doutoramento, Universidade de Harvard, 1985.

―――. "O Público". *The Musical Quarterly* 83, no. 4. Inverno de 1999: 479-86.

―――. "O desaparecimento da escuta filosófica": Haydn no Século XIX". Em *Haydn and His World,* editado por Elaine Sisman, 255-88. Princeton, NJ: Princeton University Press, 1997.

―――. "Regresso a uma Tradição Filosófica Diferente". *The Musical Quarterly* 82, no. 2. Verão de 1999:

225-31.

Cadwallader, Allen, e David Gagne. *Análise de Música Tonal: Uma abordagem Schenkariana*. Nova Iorque: Oxford University Press, 2007.

Caplin, William E. *Classical Form: Uma Teoria das Funções Formais para a Música Instrumental de Haydn, Mozart, e Beethoven*. Oxford: Oxford University Press, 2001.

———. "A Cadência Clássica": Concepções e Conceitos errados". *Journal of the American Musicological Society* 57, no. 1 (2004): 51-117.

Clark, Caryl, ed. *The Cambridge Companion to Haydn*. Cambridge: Imprensa da Universidade de Cambridge, 2005.

Churgin, Bathia. "Harmonic and Tonal Instability in the Second Key Area of Classic Sonata Form". Em *Convenção na Música do Décimo Oitavo e Décimo Nono Século: Ensaios em Honra de Leonard G. Ratner*, editado por Wye J. Allanbrook, Janet M. Levy, e William P. Mahrt, 23-58. Stuyvesant, NY: Pendragon Press, 1992.

Culshaw, John. *O Concerto*. Reimpressão da edição de 1949. Westport, CT: Greenwood Press, 1979.

Eastcott, Richard. *Esboços da Origem, Processo e Efeitos da Música*. Banho: 1793.

Eisen, Cliff. "A Ascensão (e Queda) do Concerto Virtuoso no Final dos Séculos XVIII e XIX". In *The Cambridge Companion to the Concerto*, editado por Simon P. Keefe. Cambridge: Imprensa da Universidade de Cambridge, 2005.

Epstein, David. *Para além de Orfeu: Estudos em Estrutura Musical*. Cambridge: The MIT Press, 1979.

Forman, Denis. *Formulário do Concerto de Mozart: Os Primeiros Movimentos dos Concertos para Piano*. Nova Iorque: Praeger Publishers, 1971.

Garland, Joel. "O Papel Formal em Grande Escala do Tema de Entrada Solo no Concerto do Décimo Oitavo Século". *Journal of Music Theory* 44, no. 2 (Outono de 2000): 381-450.

Geiringer, Karl. *Haydn: Uma Vida Criativa na Música*. Em colaboração com Irene Geiringer. Berkeley: University of California Press, 1982.

Gjerdingen, Robert O. *A Classic Turn in Phrase: A Música e a Psicologia da Convenção*. Filadélfia: University of Pennslyvannia Press, 1988.

———. *Música no Estilo Galante*. Oxford: Oxford University Press, 2007.

Gotwals, Vernon. *Haydn: Dois Retratos Contemporâneos*. Uma tradução com introdução da *Biographische Notizen uber Joseph Haydn* de G.A. Griesinger e a *Biographische Nachrichten von Joseph Haydn* de A.C. Dies. Madison, WI: The University of Wisconsin Press, 1968.

Grave, Floyd K., e Margaret G. Grave. *Franz Joseph Haydn: Um Guia para a Investigação*. Nova Iorque: Garland Publishing, 1990.

Verde, Douglass M. *Form in Tonal Music: Uma Introdução à Análise*. Nova Iorque: Holt, Rinehart e Winston, Inc., 1965.

Hadow, W. H. *Sonata Form*. Reimpressão de Novello, edição de Londres. Nova Iorque: The H. W. Gray Co., 1979.

Heartz, Daniel. *Haydn, Mozart e a Escola Vienense, 1740-1780*. Nova Iorque: W. W. Norton & Company, 1995.

--------. *Mozart, Haydn, e Early Beethoven, 1780-1802*. Nova Iorque: W. W. Norton & Company, 2009.

---, e Bruce Alan Brown. "Galant". Em *Grove Music Online. Oxford Music Online*, http://www.oxfordmusiconline.com.proxy.libraries.uc.edu/subscriber/article/grov e/music/10512 (acedido a 15 de Abril de 2010).

Haimo, Ethan. "Haydn's 'Altered Reprse'". *Journal of Music Theory* 32, no. 2 (Autumn 1988): 335-51.

Harutunian, John. *Sonata Styles de Haydn e Mozart: Uma comparação*. Vol. 113 de *Estudos na História e Interpretação da Música*. Lewiston, NY: The Edwin Mellen Press, 2005.

Haydn, Joseph. *Concertos de Violoncelo*. Com Gautier Capucon, Daniel Harding, e Mahler Chamber Orchestra. Clássicos da Virgem 7243 5 45560 2 9. Disco compacto. 2003.

————. *Concertos para violoncelo e orquestra*. Com Sebastian Comberti e Orquestra do Século das Luzes. Clássicos para violoncelo CC1023. Disco compacto. 2009.

--------. *Concertos pour Violoncelle*. Com Jean-Guihen Queyras, Petra Mullejans, e Freiburger Barockorchester. Harmonia Mundi HMC 901816. Disco compacto. 2004.

--------. *Koncert in D fur Violoncello und Orchester. Hob. Vllb: 2*. edição e prefácio por Sonja Gerlach. Traduzido por Roger Cement. Kassel: Barenreiter, 1988.

————. *Koncert in C fur Violoncello und Orchestrer, Hob VIIb: 1*. Edição e prefácio de Sonja Gerlach. Traduzido por Roger Cement. Kassel: Barenreiter, 1988.

————. *Concertos Violoncelo em Dó e D Maior, Sinfonia n° 104 em D Maior*. Com Pieter Wispelwey e Florilegium Musicum Rotterdam. Canal Grande CG 06007. Disco compacto. 2006.

Hepokoski, James. "Beyond the Sonata Principle". *Journal of the American Musicological Society* 55, no. 1 (Primavera de 2002): 91-154.

---, e Warren Darcy. *Elementos da Teoria da Sonata: Normas, Tipos, e Deformações na Sonata do Final do Décimo Oitavo Século*. Oxford: Oxford University Press, 2006.

————. "A Cesura Medial e o seu Papel na Exposição de Sonata do Décimo Oitavo Século". *Music Theory Spectrum* 19, no. 2 (Outono de 1997): 115-54.

Colina, Cecil. *Formulário Sonata: Uma Introdução*. Calgary: Detselig Enterprises, 1987.

Jones, David Wyn. *A Vida de Haydn*. Cambridge: Imprensa da Universidade de Cambridge, 2009.

Keefe, Simon P. "Koch's Commentary on the Late Eighteenth-Century Concerto: Diálogo, Drama, e Relações Solo/Orchestra". *Música e Letras* 79, não. 3 (Agosto de 1998): 368-85.

---, ed. *The Cambridge Companion to the Concerto*. Cambridge: Imprensa da Universidade de Cambridge, 2005.

Kennedy, Michael. "Haydn, Franz Joseph". Em *The Oxford Dictionary of Music*, 332-34. Oxford: Oxford University Press, 1985.

Kerman, Joseph. *Conversas de Concerto: As Palestras de Charles Eliot Norton 1997-98*. Cambridge: Imprensa da Universidade de Cambridge, 1999.

Kleeman, Janice E. "The Parameters of Musical Transmission" (Os Parâmetros de Transmissão Musical). *Journal of Musicology* 4, no. 1. Inverno 1985-1986: 1-22.

Landon, H.C. Robbins e David Wyn Jones. *Haydn: A sua vida e a sua música*. Londres: Thames e Hudson, 1988.

Larsen, Jens Peter. *Handel, Haydn, e o Estilo Clássico Vienense*. Traduções de Ulrich Kramer. Ann Arbor, MI: UMI Research Press, 1988.

————. *O New Grove Haydn*. Lista de trabalho de Georg Feder. New York: W. W. Norton & Company.

Layton, Robert, ed. *A Companion to the Concerto*. Londres: Christopher Helm, 1988.

Lehmann, F.J. *A Análise da Forma na Música*. Oberlin, OH: A. G. Comings & Son, 1919.

Leichtentritt, Hugo. *Forma Musical*. 3ª impressão. Cambridge: Imprensa da Universidade de Harvard, 1959.

Mandler, Jean Matter. "Organização Categorizada e Esquemática em Memória". Em *Organização e Estrutura da Memória*, editado por C. Richard Puff, 259-65. Nova Iorque: Academic Press, 1979.

McVeigh, Simon. *Vida Concertante em Londres de Mozart a Haydn*. Cambridge: Imprensa da Universidade de Cambridge, 1993.

Mellers, Wilfrid. *O Princípio da Sonata (a partir de c. 1750)*. Londres: Rockliff, 1957.

Minsky, Marvin. "Música, Mente, e Significado". *Computer Music Journal* 5, no. 3. 1981: 28-44.

Bom dia, Mary Sue. *Concert Life in Haydn's Vienna: Aspectos de uma Instituição Musical e Social em Desenvolvimento*. Stuyvesant, NY: Pendragon Press, 1989.

Newman, William S. *The Sonata in the Classic Era*. Segundo volume de *A History of the Sonata Idea*. 3ª ed. Nova Iorque: W.W. Norton & Company, 1972.

Pauly, Reinhard G. *Music in the Classic Period*. 3ª edição. *Prentice Hall History of Music Series*, editado por H. Wiley Hitchcock. Englewood Cliffs, NJ: Prentice Hall, 1988.

Plemmenos, John. G. "O Ouvinte Activo": Atitudes gregas em relação à escuta de música na Era das Luzes". *British Journal of Ethnomusicology 6, 1997:* 51-63.

Ratner, Leonard G. *Classic Music: Expressão, Forma, e Estilo*. Nova Iorque: Schirmer Books, 1980.

Redfern, Brian. *Haydn: Uma Biografia, com uma Pesquisa de Livros, Edições, e Gravações*. Hamden, CT: Clive Bingley, 1970.

Rosen, Charles. *Formulários de Sonata*. Nova Iorque: W. W. Norton & Company, 1980.

————. *O Estilo Clássico: Haydn, Mozart, Beethoven*. Nova Iorque: The Viking Press, 1971.

Schafer, Murray R., editor com comentários. *Ezra Pound e Música: A Crítica Completa*. Londres: Faber e Faber, 1978.

Simon, Edwin J. "Sonata into Concerto": A Study of Mozart's First Seven Concertos". *Acta Musicologica* 31, no. 3-4 (Julho-Dezembro de 1959): 170-85.

Slonimsky, Nicolas, Laura Kuhn, e Dennis McIntire. "Haydn, (Franz) Joseph". In *Baker's Biographical Dictionary of Musicians*, ed. de Laura Kuhn, 3: 1495-1500. Edição centenária. New York: Schirmer Books, 1992.

Spitzer, Michael. "Haydn's Reversals": Style Change, Gesture, and the Implication-Realization Model". In *Haydn Studies*, editado por W. Dean Sutcliffe, 177-217. Cambridge: Cambridge University Press, 1998.

Stevens, Jane R. "An 18th-Century Description of Concerto First-Movement Form". *Journal of the American Musicological Society* 24, no. 1 (Primavera de 1971): 85-95.

————. "Tema, Harmonia, e Textura nas Descrições Clássico-Românicas do Concerto Forma de Primeiro Movimento". *Journal of the American Musicological Society* 27, no. 1 (Primavera de 1974): 25-60.

Tovey, Donald Francis. *Concertos*. Vol. 3 de *Ensaios em Análise Musical*. Londres: Oxford University Press, 1936.

————. *As Formas de Música*. Prefácio de Hubert J. Foss. New York: Meridian Books, 1957.

Veinus, Abraham. *O Concerto*. Garden City, NY: Doubleday, Doran and Company, 1944.

Webster, James (texto e bibliografia) e George Feder (lista de trabalho). "Haydn, (Franz) Joseph". Em *The New Grove Dictionary of Music and Musicians*, editado por Stanley Sadie, 11:171-271. 2ª ed., Nova Iorque: Grove's Dictionaries, 2001.

Wheelock, o *Jesting Engenhoso de* Gretchen A. *Haydn com Arte: Contextos de humor e humor musical*. Nova Iorque: Schirmer Books, 1992.

Zaslaw, Neal, ed. *Mozart's Piano Concertos: Texto, Contexto, Interpretação*. Ann Arbor, MI: The University of Michigan Press, 1996.

Zander, Rosamund Stone, e Benjamin Zander. *A Arte da Possibilidade*. Nova Iorque: Penguin Books, 2002.

## Apêndice de Tabelas e Exemplos

**Quadro 1.** Layout Temático de R1 e S1 no Concerto de Haydn em C

| EXPOSITION | R1 | S1 |
|---|---|---|
| Primary Theme Area (P) | **R1:\P**<br>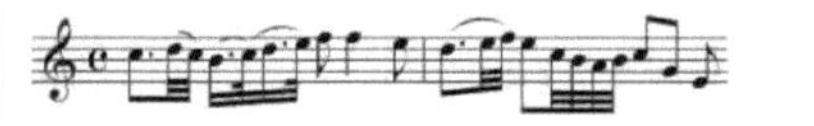<br>• mm. 1–5 | **R1:\P**<br>• Same as Ritornello 1<br>• mm. 21–26 |
| Transition Theme Area (TR) | **R1:\TR**<br>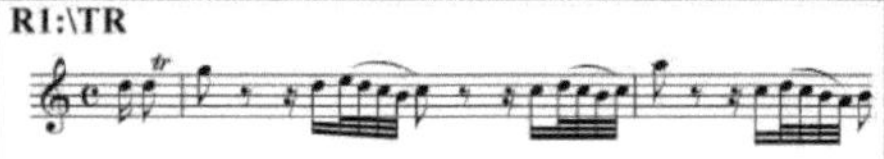<br>• mm. 6–11 | None! (a rare occurrence)<br>• The PAC that ends R1:/P serves as a rhetorical medial caesura due to the ellipsis of the TR- zone[81] |
| Secondary Theme Area (S) | **R1:\S1.1**<br>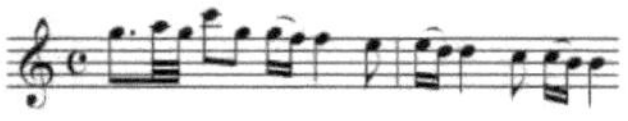<br>• mm. 15–19 | **S1:\S**<br>• A new theme<br>• Begins in the tonic key but quickly moves to the appropriate key of the dominant[82]<br>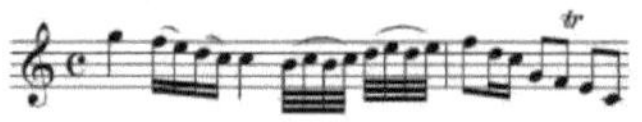<br>• mm. 27–36 |
| | **R1:\S1.2**<br>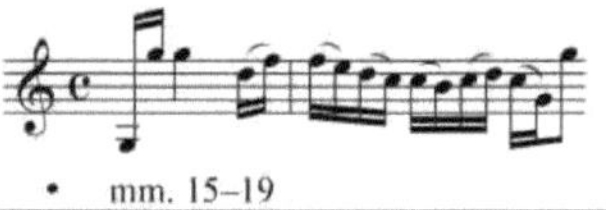<br>• mm. 15–19 | **R1:\S1.2**<br>• Same as Ritornello 1<br>• mm. 36–40 |
| Closing Area (C) | **R1:\C1**<br>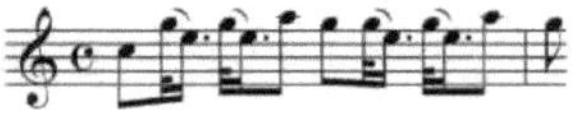<br>• mm. 19–21 | **R1:\C**<br>• Same as Ritornello 1<br>• mm. 40–42<br>**S1:\C**<br>• A new theme<br>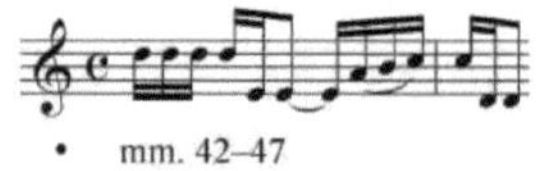<br>• mm. 42–47 |

[1] Uma explicação deste "quarto nível de incumprimento" encontra-se em Hepokoski e Darcy, *Elementos da Teoria da Sonata*, 29.

[1] Um tema em S que começa no tónico mas se funde na chave correcta é também delineado em Hepokoski e Darcy, *Elementos da Teoria da Sonata,* 29.

**Quadro 2.** Layout Temático de R1 e S1 do Concerto de Haydn em
D

| | | **R1** | **S1** |
|---|---|---|---|
| **EXPOSITION** | | | |
| Primary Theme Area (P) | | **R1:\P** <br>• mm. 1–6 | **R1:\P**<br>• Same as Ritornello 1<br>• mm. 29–34 |
| Transition Theme Area (TR) | | **R1:\TR**<br>• Begins like R1:\P but then merges into transitional material <br>• mm. 7–12 | **R1:\TR**<br>• Same as Ritornello 1 but with extension featuring virtuosic display:<br><br>**S1:\TR Ext.**  |
| Secondary Theme Area (S) | | **R1:\S** <br>• mm. 13–16 | **R1:\S**<br>• Same as Ritornello 1 but with elaborate virtuosic extension based on S1:\TR Ext |
| Closing Area (C) | | | **S1:\C** <br>• mm. 70–77 |
| | | **R1:\C1.1** <br>• mm. 16–19 | |
| | | **R1:\C1.2** 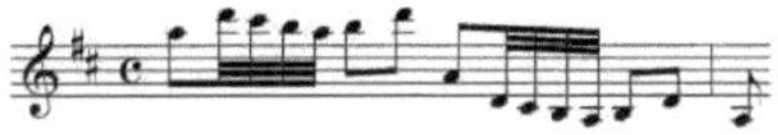<br>• mm. 19–26 | |
| | | **R1:\C2**<br>• based on the primary theme <br>• mm. 26–28 | |

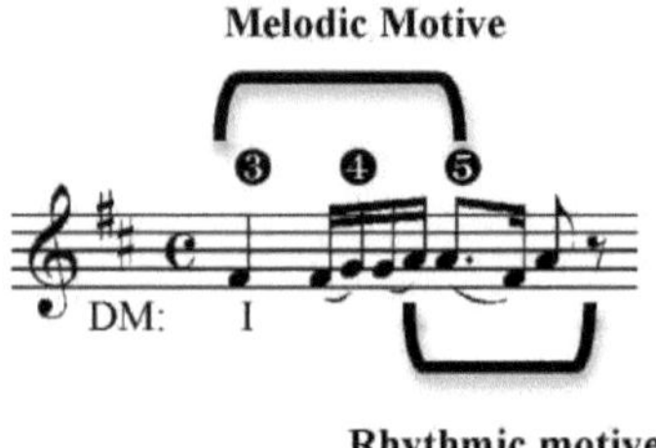



**Example 2.**   Haydn, Concerto em D, segundo movimento, mm. 1-2, motivos melódicos e rítmicos.

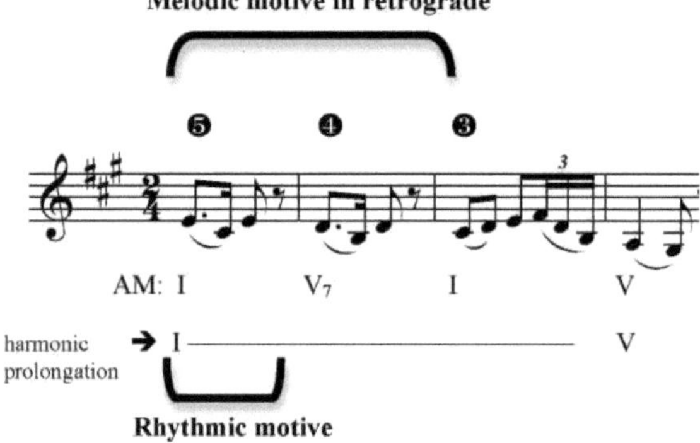



**Example 3.**   Haydn, Concerto em D, terceiro e primeiros movimentos, mm. 1-2 e m. 1, comparação

temática.

**Exemplo 4.** Haydn, Concerto em D, terceiro movimento, tema de refreio.

**Exemplo 5.** Haydn, Concerto em C, terceiro movimento, mm. 41-55, tema de abertura (R1:\P) com solista.

**Exemplo 6.** Haydn, Concerto em C, terceiro movimento, mm. 60-61, grandes saltos em registo.

Example 7.  Haydn, Concerto em C, terceiro movimento, mm. 68-70, grandes saltos em registo e

paragens duplas.

Example 8.  Haydn, Concerto em D, primeiro movimento, mm. 1-6 e mm. 29-34, comparação do tema R1:\P entre as rotações ritornello orquestral (R1) e solo (S1).

**Example 9.** Haydn, Concerto em D, primeiro movimento, mm. 13-16 e mm. 50-80, comparação temática secundária entre o ritornello da orquestra e as rotações a solo.

**Example 10.** Haydn, Concerto em C, primeiro movimento, mm. 12-15, tema secundário apresentado em R1 (R1:\S).

**Example 11.** Haydn, Concerto em C, primeiro movimento, mm. 27-30, novo tema secundário apresentado em S1 (S1:\S).

**Example 12.** Haydn, Concerto em C, primeiro movimento, mm. 102-107, apresentação do tema secundário em recapitulação.

**Example 13.** Haydn, Concerto em D, primeiro movimento, mm. 1-6, extensão de frase.

**Exemplo 14.** Haydn, Concerto em C, primeiro movimento, mm. 1-5, extensão de frase.

**Exemplo 15.** Haydn, Concerto em D, segundo movimento, mm. 1-8, apresentação original do tema.

**Exemplo 16.** Haydn, Concerto em D, segundo movimento, mm. 9-16, repetição do tema.

**Example 18.**  Haydn, Concerto em C, segundo movimento, mm. 16-24, repetição do tema com extensão de frase.

**Example 19.**  O esquema do Prinner baseado na *Música* de Robert O. Gjerdingen *no estilo Galant.* [83]

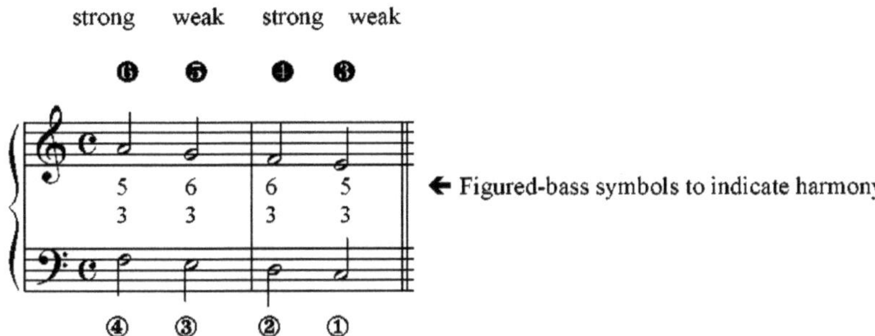


**Example 20.**  Haydn, Concerto em D, primeiro movimento, mm. 30-31, melodia e bassline, Prinner schema.

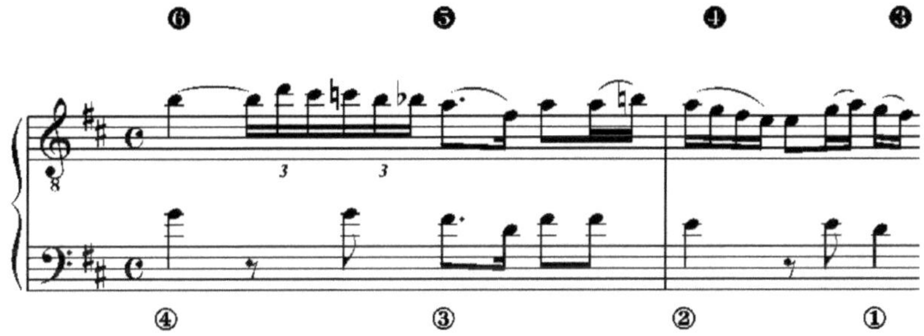

[1] Gjerdingen, *Music in the Galant Style*, 455.

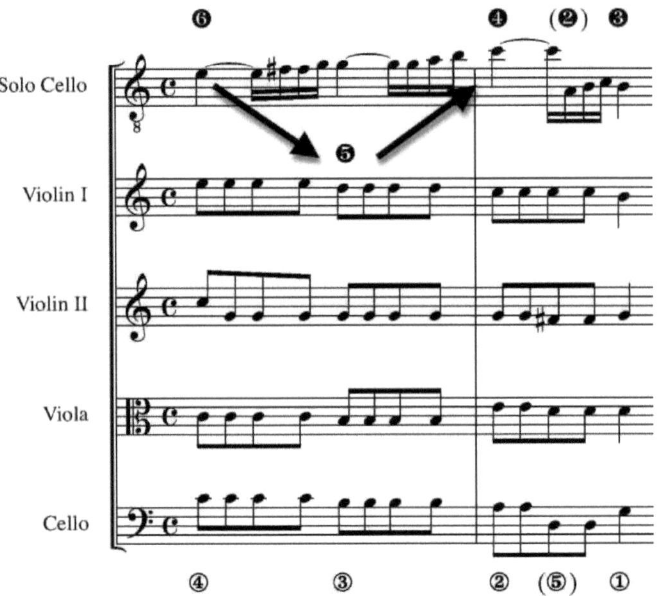

**Exemplo 22.** Esquema Mi-Re-Do Clausula baseado em
Gjerdingen. [84]

---

[1] Ibid., 140-44.

**Exemplo 24.** Haydn, Concerto em D, segundo movimento, mm. 47-50, Mi-Re-Do clausula schema.

85 Ibid.,146-49.

**Exemplo 25.** Haydn, Concerto em C, segundo movimento, 40-51, Cudworth clausula schema.

Printed by Books on Demand GmbH, Norderstedt / Germany